वाणी प्रकाशन

4695, 21-ए, दरियागंज, नयी दिल्ली 110 002

फ़ोन : +91 11 23273167 फ़ैक्स : +91 11 23275710

शाखाएँ

अशोक राजपथ, पटना 800 004, बिहार

कॉफ़ी हाउस कैम्पस, महात्मा गांधी मार्ग, इलाहाबाद 211 001, उत्तर प्रदेश

महात्मा गांधी अन्तरराष्ट्रीय हिन्दी विश्वविद्यालय, वर्धा 442 001, महाराष्ट्र

सुल्तानिया रोड, मोतिया पार्क, भोपाल 462 001, मध्य प्रदेश

www.vaniprakashan.com
marketing@vaniprakashan.in
sales@vaniprakashan.in

AISE LOG-AISI BATAIN
by Shivaji Sawant
Translated by Damodar Khadse

ISBN : 978-81-7055-447-9

Sketches

प्रथम संस्करण छटटै
द्वितीय संस्करण व्डव्ड

मूल्य : ₹ 295

[illegible] प्रेस, दिल्ली-110 0[illegible] में मुद्रित

वाणी प्रकाशन का लोगो मक़बूल फ़िदा हुसेन की कूची से

कभी चिलचिलाती वैशाखी धूप में जलाने वाले, तो
कभी मूसलाधार बारिश में सिर छिपाने के लिए,
प्राण बचाने के लिए यहाँ-वहाँ भागते हुए,
बेसुध गंध बिखेरने वाले;
ऐसे मन व ऐसे जन
मुझे मिले तब अवाक् पैरों के नीचे रहकर
गवाही देने वाले
और जीवन की यात्रा में अनेक संकटों का सामना
करने के लिए मेरे भीतर आवश्यक साहस भरनेवाले
मेरे जन्म-गाँव 'आजरा' की लाल मिट्टी
और वहाँ के असंख्य ग्रामीणों को!

—शिवाजी सावंत

ऐसे लोग और मैं

मेरी साहित्यिक यात्रा में आजरा का बहुत महत्त्वपूर्ण और अविस्मरणीय स्थान है। इन लोगों में गाँव के—अर्थात् 'आजरा' (जि. कोल्हापुर, महाराष्ट्र) के—ग्रामीणों का समावेश है। उनके साथ मेरा वैसे कोई रक्त-संबंध नहीं है। परंतु, रक्त से माटी अधिक गाढ़ी होती होगी! मुझे लगता है, आदमी की 'अबोध और कोरी' स्लेट जहाँ आकार लेती है, बनती है वह परिसर बहुत महत्त्वपूर्ण हो जाता है। बाद में भौतिक सफलताएँ हासिल कर, पोथियाँ बाँच-बाँचकर हम जो खोजते हैं, वह ज़िंदगी का 'सच्चा' अर्थ नहीं होता। जब हम 'कुछ भी' नहीं होते तभी हम 'असली' होते हैं। इस गाँव से तरह-तरह के मन-स्वभाव के साथ मुझे जो जीवन मिला, वह आज भी उतना ही ताजा और हरा-भरा है। भविष्य में भी ऐसा ही रहेगा। ज्योतिष-शास्त्र कहता है, 'कर्क राशि का आदमी यादों को सँजोने वाला होता है।' मेरी राशि कर्क है। अपने मन की अतल गहराइयों में मैंने इन खास मन-सुगंधी स्वभावों को सहेजकर रखा है। उनके लिए नहीं—अपने लिए।

बारीकी से देखने पर स्पष्ट हो जाएगा कि इनमें से प्रत्येक मन जीवन की जीवंत अनुभूतियों का नमूना तो है ही, साथ ही शहद का छत्ता जिस प्रकार शहद से लबालब भरा होता है, ठीक उसी तरह ये लोग इंसानियत के गुणों से खूब परिपूर्ण दिखाई देंगे।

यहाँ इस पुस्तक के रूप में मैंने उन पर जो कुछ भी लिखा है, वह कुछ भी नहीं, इतना उन पर और भी लिखा जा सकता है। इसमें से प्रत्येक रेखाचित्र पूरे उपन्यास का चरित्र हो सकता है। खुले आकाश के नीचे रंग-बिरंगे वस्त्रों में और दोहरे विचारों से मन ढँके हुए कई लोग प्रत्यक्ष मिलते हुए हम देखते हैं। आज दुनिया का चेहरा ही काई से व्याप्त हो गया है। इसीलिए खुले आकाश के नीचे, खुले मन के भोलेभाले लोग अपने लगते हैं। हमें अच्छे लगते हैं। मेरे चुने हुए ये लोग और रेखांकित किये नमूने पाठक को निश्चित ही पसंद आएँगे। उनकी कुछ खास शैलियाँ, दोष मुझे तब मालूम हुए, जब मैं यह सब लिखने बैठा। वैसे जब मैं इन विशिष्ट मनों में विचरण करता रहा, तब कभी मालूम ही नहीं हुआ। मेरी दृष्टि में इसी में उनकी श्रेष्ठता है और सच्ची इंसानियत भी है।

इस पुस्तक के 'कुटिया की बुढ़िया' रेखाचित्र को, आचार्य अत्रे जब 'मराठा' के संपादक थे, तब उन्होंने रविवार के अंक में प्रकाशित किया था। उसकी पांडुलिपि पढ़ते हुए उनकी आँखें भर आईं, यह मुझे बाद में मालूम हुआ। आज भी जब मैं यह रेखाचित्र पढ़ता हूँ, मेरे मन में निरंतर एक सृजन का शानदार विचार घुमड़ता रहता है। 'कुटिया की बुढ़िया' यह कुटुंब-प्रमुख और प्रधान रेखाचित्र मानकर इस पुस्तक के अन्य पात्रों को उसके रिश्तेदार मानें, तो निश्चित ही एक अच्छी फिल्म बन सकेगी।

लाल माटी में पले-बढ़े ये विशिष्ट ग्रामीण मन हैं। किसी विशिष्ट जीवनवाद पर उनका कोई दावा नहीं है। बस, वे इस तरह जियें, इतना ही उनका कहना है। मैं कुछ भी लिखूँ तो भी, मुझ पर प्रेम की बदौलत वे अवश्य पढ़ेंगे, यह उनका गँवई-प्यार ही है।

देखने वाले यह पाएँगे कि किसी भी जीवनवाद पर इन विशिष्ट लोगों का अधिकार या दावा जताने की इच्छा न होते हुए भी सबसे बड़े जीवनवाद की जड़ें, बहुत गहरी उनके छोटे-मोटे व्यवहार से झलकती हैं। वे जड़ें हैं—मानवता की।

अंत में थोड़े शब्दों में, काव्यमय रचना 'उपलब्धि भरा रेखाचित्र' मैंने सायास रेखांकित किया है। 'उपलब्धि भरा' इसलिए क्योंकि पाठक अपनी रसिकता बनाए रखने के लिए पुस्तक खरीदने हेतु पैसे खर्च करता है, इसका पर्याप्त प्रतिदेय इस रेखाचित्र से पहले ही उसे प्राप्त हो चुका है। ऐसे लोगों के रेखाचित्र की यह पुस्तक, इस रेखाचित्र के पहले ही पूरी हो चुकी है। केवल गाँव के निःस्वार्थ प्रेम-व्यवहार को निभाते हुए लेन-देन मुस्कानभरी होनी होती है, यही उपलब्धि है। इसलिए यह अंतिम काव्यमय रेखाचित्र है।

वर्ष 1975 में, मुझ पर आत्मीय स्नेह करने वाले स्व. अण्णा के (ग. दि. माडगूळकर) 'रामायणी' हाथों से इस रेखाचित्र की पुस्तक 'लाल माटी, रंगीन मन' शीर्षक से विमोचित हुई थी। अण्णा के करकमलों से विमोचित होने वाली वह अंतिम पुस्तक थी।

– शिवाजी सांवत

क्रम

कांत्या

बचपन में, डूबती किरणें पीठ पर उठाकर, अपने-आपको भूलकर हम 'आट्यापाट्या' खेलते। उस खेल में विरोधी पक्ष के मुखिया के हाथ पर ताली देकर मैं अपने खेल-साथी के साथ पहली पट्टी पर आता। विरोधी पक्ष के सभी पट्टीरक्षक चील के पंखों की तरह हाथ फैलाकर बड़ी सावधानी से पट्टी बेकार करार देने की कोशिश करते। पहली ही पट्टी पर पट्टीरक्षक के रूप में एक ऊँचा और छरहरी कदकाठी का छोकरा होता। पट्टी पार करने के लिए शरीर की चपलता का सहारा लेकर उसे मैं चकमा देने लगा। देखते ही देखते 'उस' छोकरे को झाँसा देकर मैं दूसरी पट्टी में प्रवेश कर जाता। 'वह' छोकरा केवल मुझ पर ही निशाना साधकर होने के कारण मेरे चकमा देकर आगे बच निकलने पर मेरे अन्य साथियों को पहली पट्टी से आगे जाने देता। हताश होकर!

उन दिनों उस अबोध उम्र में मुझे आट्यापाट्या का वह झाँसाबाज खेल बहुत अच्छा लगता। आज भी मैं वह खेल खेल रहा हूँ। परन्तु कितने भिन्न अर्थों में! क्योंकि जीवन यह आट्यापाट्या का खेल ही तो है। बचपन, किशोरावस्था, तरुणाई, प्रौढ़त्व, वृद्धत्व कितनी पट्टियाँ पार करनी पड़ती हैं, इस खेल में! विभिन्न पट्टियों पर अलग-अलग लोगों से मुलाकात होती है। हाथ पसारकर वे रोकते हैं। उन्हें कुछ माँगना होता है। हम उन्हें चकमा देते होते हैं। वृद्धत्व की, जीत की पट्टी काफी दूर होती है। उस पट्टी से यश का नमक अचूक लाना कितनों को कितना संभव होता है, पता नहीं! अधिकांशतः पराजय का दक्ष स्वर ही निन्यानबे प्रतिशत खिलाड़ियों की पीठ पर अचानक आकर धौल जमाकर कहता है, "दोस्त, तुम्हारा खेल खत्म! नमक की टोकरी बहुत दूर रह गई!" जीवन का झाँसा देने वाला यह खेल मैं खेल रहा हूँ। सभी ऐसा खेल खेलते हैं। परंतु बचपन के, डूबती किरणों की लंबी परछाइयों की वह आट्यापाट्या की पट्टी आज भी कभी याद आई तो मन चेतनाशून्य हो जाता है। मन एक हल्का-सा पंख हो जाता है और वह संपूर्ण शैशव की दुनिया पर उड़ान भर आता है। आज वह पट्टी समाप्त हो गई है और सारे खेल-साथी जीवन का मायावी आट्यापाट्या खेलने के लिए बहुत दूर चले गए हैं। बिल्कुल अनजाने! बचपन के आट्यापाट्या को, राख से खींची गई पट्टी को छोड़कर, सब कर्तव्य,

संकल्प और महत्त्वाकांक्षाओं की टेढ़ी-मेढ़ी रेखाओं को सामने रखकर बिखर गए हैं। परंतु बचपन की 'उस' पट्टी की राख से खिंची रेखा कभी-कभी मेरी मुँदी चिंतनशील आँखों के सामने बहुत साफ उभर आती है। उन सारी रेखाओं से एक चेहरा आकार लेने लगता है। स्पष्ट होता है। मुखर होता है। उसे देखते हुए मेरा 'मैं', तपे हुए तवे पर गिरे पानी की बूँद-सा उड़ जाता है। मेरी पहली ही—बचपन की पट्टी कांत्या ने रोकी थी।

कांत्या! माँ-बाप तथा, सारे गाँव वालों का निकम्मा-बेकार घोषित किया हुआ कांत्या! लंबा कद, छरहरा बदन, पेंसिल की तरह लंबी उँगुलियों वाला! नाक और कमर से फिसलने वाली पैंट एक साथ ऊपर खींचने वाला! बालों का बढ़ा हुआ झुरमुट अपना ही है, यह कभी भी न मानने वाला। जिस तरह उसे यह मालूम नहीं हुआ कि उसके बाल कब बढ़े, उसी तरह मुझे भी नहीं पता चला कि कब वह मेरी पट्टी में शामिल हो गया। दूसरों को उसके बारे में कुछ 'समझ' में आए, ऐसा कुछ कांत्या ने कभी नहीं किया। संभवतः, जीवन में समझने जैसी कोई बात होती है, यही उसे अमान्य था!

कांत्या, 'बम्मन का बच्चा,' उसका असली नाम 'श्रीकांत' था—परंतु अपने नाम से प्रत्यक्ष कांत्या ने 'श्री' को हमेशा के लिए हटा दिया था। पुस्तक-स्लेट लेकर स्कूल जाते हुए मैंने कांत्या को कभी नहीं देखा। मेरे-उसके खेल-संबंधों में यह 'शैक्षिक पात्रता' कभी आड़े नहीं आई, उल्टे जो कुछ स्कूल के उन दिनों के दमघोंटू, खड़िया मिश्रित वातावरण में मुझे पढ़ने के लिए नहीं मिला, वह सब कांत्या ने अपनी स्लेटपट्टी की तरह साफ और मासूम चेहरे से अनजाने ही पढ़ाया।

कांत्या का बाप बड़ा पंडित! दमा और दरिद्रता उसके अपने माने हुए दोस्त। दुष्ट दरिद्रता को वह बीड़ी के धुएँ में छिपाना चाहता और दमे का दौरा आने पर वह कांत्या को डाँटते हुए कहता—"तेरी क्या हड्डियाँ टूट गई हैं।" परंतु बाप के दमा पर कांत्या को कभी दया नहीं आई। उसे कभी दरिद्रता का दुःख भी न होता। बड़े पंडित की बीड़ी के धुएँ जैसा ही कांत्या, घर की कच्ची दीवारों को पार करने के बाद बाप के हाथ न लगता! और जिस तरह धुआँ बादल में विलीन हो जाता है, उसी तरह वह आकर मिल जाता मुझसे!

तब हमारा 'फलचौर्यकर्म' प्रारंभ होता। आम पकने के वे दिन होते। मुझे तो आज यह लगता है कि मेरे और कांत्या के करीब आने का कोई कारण होगा तो वह—'फलों का रस' ही था। कांत्या और मैं कचहरी के बगीचे में रोमांचक सावधानी से घुसते। मैं उन दिनों लंबी कद-काठी का था। गिरगिट की तरह पलक झपकते ही डाल का सिरा खींच लेता। संपूर्ण पेड़, गर्भवती स्त्री की शरीरकांति के रंगों के रसपूर्ण फलों से लबालब होता। मेरे द्वारा डाल हिलाते ही वे पीले जीव माँ से बिछुड़कर टपाटप नीचे आ गिरते। बगीचे के पहरेदार के रास्ते पर चौकस नजरें टिकाकर कांत्या, पारिजात के फूल चुनने वाली प्रातःकन्या की चपलता से अपनी कमीज की झोली में

उन्हें रखता। इतने में, पेड़ों पर मज़बूती से चिपके फल भी जिस प्रकार डरकर नीचे टपक पड़ें, उसी तरह पहरेदार की आवाज गूँजती, "कौन फल तोड़ रहा है रे!" गिरते विमान की गति से मैं सर्र-से नीचे आ जाता। अब तक कांत्या लूट का माल आहाते के बाहर कर चुका होता। आहाते की संकरी दरार में से जानलेवा घुसखोरी करते समय उसकी फटी कमीज की पीठ की एक चिंदी आहाते में लटककर हवा के साथ थरथराती रहती।

उसके पीछे-पीछे जानलेवा कूद-फाँद करते हुए आहाता पार करते समय उससे छूटे जितने फल समेट सकता था, उतने लेकर उसकी कमीज की चिंदी आहाते के चंगुल से छुड़ाकर लाता। चिंदी चड्डी की जेब में ठूँसकर बगीचे के बाहर दूर कहीं किसी दीवार की आड़ में इंतजार करते खड़े, डर से काँपते कांत्या तक मैं पहुँचता। कुछ ही देर में दोनों की साँस सामान्य होती। आम के रस से मुँह सन जाता। और आम खाते-खाते ही बिल्ली की तरह चौंककर कांत्या हँसता। पहरेदार की गाली को याद कर वह हँसता। उसे आम का रस मीठा लगता। मुझे उसके बावलेपन में डूबा विनोदप्रिय स्वभाव अच्छा लगता। हाथ की मिट्टी और आम का रस, इनका मजेदार मिश्रण उसके होंठों के दोनों कोरों से झरते हुए मैले-कुचैले कमीज की दुर्गंध दूर करने का प्रयास करता। अपने उस रस-सने हाथों से कांत्या अपनी झोली से मुझे आम देता। मेरा सुदामा—बावला सुदामा उस टूटी दीवाल की ओट को गवाह रखकर वह रस-भेंट अपनी झोली से निकालकर मुझे देता। आम खाने के बाद, जेब से, आहाते में लटकी चिंदी को निकालकर हाथ-मुँह पोंछकर फेंकते हुए मैं उसे कहता, "कांत्या पंडित। इसे साबुन लगाओ! दादा पंडित, लगाओ इसे साबुन।" उसे इस तरह चिढ़ाने से कांत्या बहुत चिढ़ता। पैरों के नीचे कोई पत्थर खोजता, मुझ पर फेंकने के लिए। उसे कोई अवसर न देते हुए मैं दीवाल के पार गायब हो जाता।

एक बार लगभग सौ केले से भरा हुआ गुच्छा मेरी माँ ने पकने के लिए रखा था। मैंने और कांत्या ने, बड़ी मछली ज्यों समुद्र से निकाली हो उस तरह उसे बाहर निकाला। एक संकरी गली में हमने उसे झाड़-पत्तियाँ से ढाँक दिया। हम दस-दस केले लुका-छिपी के खेल सें खाते रहते। उसका केवल डंठल सूर्यास्त तक बचा, क्योंकि वह खाने लायक नहीं था। वे सौ-एक केले हम दोनों ने (अधिक मैंने ही) डकार लिये। यह केला-चोरी हमें ढंग से नहीं पची। खाए हुए केले के छिलके गली में बिखरे पड़े थे। उन्हें देखकर माँ ने तुरंत पाल की 'जाँच' शुरू कर दी। मेरा रिमांड शुरू हुआ। मेरी एक ही रट थी, "तुम्हें क्या मालूम नहीं, मुझे केले बिल्कुल पसंद नहीं? किसी ने खाए होंगे। खराब हो गए होंगे। चूहे ले गए होंगे।" परंतु मेरे इस शोरगुल का कोई फायदा नहीं हुआ। कांत्या को माँ ने बुला भेजा। उसे पंजा भर एक अलफान्सो आम खाने के लिए दिया और एक रसयुक्त मीठा सवाल किया, "कांत्या, तूने ही सारे केले खाए हैं। मेरे बेटे को एक भी नहीं दिया!"

तब कांत्या ने आरोप निकाल फेंकने के लिए सत्य उगल दिया। बस! पेट के केलों का ज्यों पानी हो गया हो, इस तरह कांत्या को देखते हुए इतनी तेजी से भागा कि इतनी गति से मैं कभी दौड़ने की स्पर्धा में भी नहीं दौड़ सका।

कांत्या प्याज बहुत खाता। उसकी मौसी ही उसे आग्रहपूर्वक प्याज खिलाती। उसकी फिट की बीमारी पर उसने गँवई उपाय खोज निकाला था। फिर बाद में कांत्या की प्याज खाने की आदत इतनी बलवती हो गई कि दूसरे बच्चे जब जेब से अमरूद निकालकर खाते, उसी तरह कांत्या कच्चे प्याज जेब से निकालकर, आधे छिले छिलकों समेत चबाता! उसकी जीभ प्याज के तीखेपन से जलती क्यों नहीं, इसी बात का मुझे आश्चर्य होता!

प्याज खाने के कारण या ऊधम मचाने के स्वाभाविक गुण के कारण वह चोर-सिपाही खेल में 'चोर' बना कांत्या सिपाही लोगों के हाथ आसानी से न आता। वैसे भी चोरगीरी, खेलों में वह बखूबी निभाता। एक बार इसी तरह आकाश के नीले पटिये के चाँद के आटे का डब्बा पृथ्वी पर गिरकर फूट गया था। चाँदनी का वह सफेद-फक्क आटा, गाँव किनारे के नदी-नालों ने घर-छप्परों ने, राह-पगडंडियों ने चोरों की लोभी गठरियों में भर-भर लूटा था। सारे चोर कोतवाल की तरह सीना ताने खड़े थे और इधर हमारा चोर-सिपाही का खेल पूरी तरह रंग चुका था। सिपाहियों की आँखें ढँकी थीं (ढँकने के लिए ही वे होती हैं।) चोर दौड़ते जिधर सूझता। जाहिर है मैं और कांत्या चोरों में थे। एक घंटा हो गया। सारे चोर पकड़ने में सिपाहियों को कामयाबी मिली। परंतु कांत्या नहीं पकड़ा गया! सिपाहीगीरी करने वाले साथी चोर बने, पकड़े गए, फिर सिपाही बने—परंतु, कांत्या पकड़ा नहीं गया! किसी ने कहा, "घर गया होगा।" खेल खत्म हुआ। पर, कांत्या घर गया होगा, यह बात मुझे सही न लगती। ऐसा करते समय उसने मुझे इस आशय का 'कान मंत्र' अवश्य दिया होता।

जिस दिशा में कांत्या दबे कदमों से भागा था, मैं उस दिशा में अकेला ही चल पड़ा। बीच-बीच में मुँह के आसपास हाथों का चोंगा बनाकर आवाज दे रहा था—"कांत्या! कांत्या!" चाँदनी का आटा काँपते हुए झाड़-पत्तों से झर रहा था। नीरवता के पानी में घुल रहा था। कहीं से भी मेरी आवाज को उत्तर न मिलता। मैं तंग आ गया था। पूरी तरह घबरा गया था। क्या हुआ कांत्या को? नाभि की जड़ों से गला फाड़कर मैंने जोर से पुकारा, "कांऽऽत्या!"

किसी घने वटवृक्ष के तने से, ज्यों सुरंग से आए वैसा प्रतिसाद आया! "ओ ऽऽ शिऽ वाऽऽ मैं यऽऽ हाँऽऽ।" मैं दौड़ते हुए उस पेड़ के तने के पास गया, वहाँ बढ़ई का लकड़ी काटने वाला दस-पंद्रह हाथ गहरा गढ़ा था। कांत्या गढ़े से आवाज दे रहा था। मुझे उसकी सतर्क चोरबुद्धि का बहुत आश्चर्य हुआ। चोर हो तो ऐसा! मैंने उससे कहा, "चलो' ऊपर आओ! खेल खत्म हुआ।" भीतर से आवाज आई, "मैं ऊपर नहीं आ सकता।" मैंने बाड़ की दस-बारह हाथ लकड़ी निकालकर गढ़े में

फेंकी। तानाजी के किलारोहण कौशल्य से कांत्या ऊपर आया।

"गढ़े में मरने के लिए छिपा?" चिढ़कर मैंने कांत्या से कहा। परंतु मन ही मन उसकी प्रशंसा भी थी। कांत्या बिल्ली चौंकने-सा हँसा। मुँह पर हाथ रखकर वह हँसी दबाता बोला, "अरे छिपा नहीं था; वटवृक्ष के छाये में तने के पास छिपकर बैठ सकूँगा यह सोचते हुए इस गढ़े में गिर गया। हीऽऽ हीऽऽ..."

कांत्या के बयान से मैंने माथा ठोंक लिया! कांत्या दस-पंद्रह हाथ गहरे गढ़े में गिर गया था। घंटा भर उसे चोर होने के कारण गढ़े की कोठरी में बंदी बन रहना पड़ा था। बढ़ई के काटे लकड़ी के भूसा के कारण उसका थोबड़ा हँसने के लिए बच गया था। यदि सचमुच कुछ हो गया होता तो असली सिपाहियों के डंडों का हम सब चोर-सिपाहियों को पूछताछ का सामना करना पड़ता। जितनी आसानी से वह प्याज का छिलका अलग करता, उतनी ही सहजता से उसने लकड़ी का भूसा अपनी चड्डी से झटक डाला। लेकिन मैं स्वयं ही गढ़े में गिरने-सा अपराधी चेहरा बनाकर उसे उस दिन उसके घर तक सकुशल छोड़ आया।

मेरे मुँह से फिसली, यह कांत्या की गढ़ा-कारावास की कथा, उसकी बुआ तक पहुँची। वह बेचारी मेरी माँ के साथ बातें करते हुए चिंतित हो कहती, "शिवाजी की माँ, हमारा बच्चा बहुत-ही पगला है, इसका क्या होगा?" बुआ की यह बात मैं इतनी तटस्थता से सुन रहा था कि मुझे ज्यों कांत्या की पहचान तक न हो। चोर-सिपाही खेल तक मुझे मालूम न हो।

कांत्या की, सफेद-शुभ्र दिखनेवाली विधवा बुआ, कांत्या पर जान छिड़कती थी। अपना कांत्या पढ़ेगा, अपने भाई के बुढ़ापे में सहारा बनेगा, ऐसी आशा उसे दिखाई देती। बड़े पंडित को अपने इस बेटे की किसी बात पर भरोसा नहीं था। वह हमेशा एक लकड़ी के पटिए पर पंचांग पसारकर किसी को तुलसी के विवाह का मुहूर्त बता, किसी को अमावस्या, पूर्णिमा की ग्रहदशा बता, किसी को वचन-पत्र लिख दे, किसी का बयान बदल देने जैसे कामों में लिप्त होता। कलम की स्याही और मुँह का बलगम सामने की गटर में झटककर, कांत्या पर गुस्सा होते हुए वह घर के ओसारे में ही बैठकर अष्टग्रह दशाओं की चर्चा करता! जो भी दो-चार अवन्नी-चवन्नी मिलती उसे सामने रखी लकड़ी की पेटी में डालता और लकड़ी से सूखे लंबे पैरों को सिकोड़कर, घुटनों में गर्दन थामकर आने-जाने वाले लोगों में अपने साथ पंचांग, भविष्य तथा आकाश की ग्रहदशा पर सलाह पूछने वालों की राह देखा करता।

उसकी लकड़ी की पेटी में लंबे आकार का बीड़ी का बंडल होता। कांत्या उस बंडल से दो-चार बीड़ी गायब कर देता। दूर कहीं ओट में जाकर उनके धुएँ में अपना पगलापन तलाशता। बीड़ियाँ कम हो जाने की शंका आने पर उसे यदि कोई डाँटने की कोशिश करता तो कांत्या कहता, "लो, मुँह की गंध सूँघो!" और कांत्या पूरा मुँह खोल देता। बेहिसाब खाये प्याज इस समय उसका साथ देते!

तंग आकर उसका बाप कहता, "भरां दे तेकां!" (मरने दे उसे)। कांत्या के घर में, केवल उसका बाप कोंकणी बोलता। कांत्या यहीं की असली भाषा बोलता, प्याज की पत्तियों के साथ चबायी जैसी भाषा। चाँदनी रात में मुझे काँधे पर उठाकर गाँव भर भागता-दौड़ता रहता। दौड़ते समय खिसका हुआ—और जिसका अर्थ समझ लिया जाए या उसे समझा दिया जाए, ऐसा किसी को नहीं लगा; ऐसा—जनेऊ, वह एक हाथ से ठीक करता। होली में दहकती होलिका के सामने कांत्या ने कभी किसी से हार नहीं मानी। औरों की होली पूरी तरह दहकने लगने पर उनकी असावधानी का लाभ उठाकर जलती होलिका में से अधजले नारियल, अंगारों में हाथ डालकर निकाल लेना वह न भूलता। अधजले करारे नारियल के टुकड़े मुझे देना वह कभी न भूलता।

कांत्या को कभी भी अपने घर से भरपूर प्यार नहीं मिला। सबके मन में कहीं गहरे उसके बारे में दयामिश्रित प्रेम का झरना व्यावहारिक रूप से काली काई के नीचे कुंठित हो जाता।

कांत्या छह भाई-बहन थे। सगे दो और सौतेले चार! इनमें से वह कितने नंबर का है, यह किसी को पता नहीं था। कांत्या को तो यह मालूम होने की कभी आवश्यकता ही महसूस नहीं हुई। कांत्या की माँ अत्यंत सीधी महिला थी। अपने बावले बेटे पर वह जान छिड़कती थी। बच्चों की मुसीबतें उठाते-उठाते वह पति के सिर पर सवार किसी ग्रह पर कब कांत्या को अकेला छोड़ भाग गई, यह गाँव वालों को मालूम भी नहीं हुआ।

कांत्या 'पंडित' नहीं था। वैसे कांत्या की कोई अपनी जाति नहीं थी। वह बढ़ई के, मराठे के, महार के और मुसलमानों के हाथ का और उनके घर खाता था। घर के लोगों का सिर खाता। गलत! कांत्या सही अर्थों में 'पंडित' ही था!

कांत्या की माँ गई और उस पर बुआ का पहरा बढ़ गया। एक बार उसकी बुआ बिल्ली के पिल्ले-सा लेकर उसे अपनी ससुराल ईनामगाँव चली गई। छह महीने हुए। मैंने भी प्राथमिक पास कर अंग्रेजी लाँघी! छह महीने में कांत्या लौटा। परंतु—परंतु मेरा मन अंग्रेजी में रमने लगा था। कांत्या के करीब जाने में मन हिचकने लगा था। लड़के छेड़ेंगे, इस डर से मैं कांत्या को टालने लगा। स्कूल के दिन—जंगली पंछियों से भराभर उड़े जा रहे थे। हर साल कांत्या अनजाने ही मुझसे बिछुड़ रहा था। मैट्रिक के बाद मैंने गाँव छोड़ा। गाँव के साथ कांत्या पीछे छूट गया। मेरा जीवन, बचपन की स्लेट पीछे छोड़कर आगे भाग रहा था। नयी-नयी कल्पनाओं के क्षितिजों को अपना रहा था। नये मित्र मिल रहे थे। उस प्रत्येक के आवागमन के साथ तंबू में घुसे ऊँट के साथ भीतरी अरब बाहर फेंका जाए, ठीक उसी तरह मेरे मन के तंबू से कांत्या बाहर छिटक गया। कब? कैसे? क्यों? मुझे मालूम ही नहीं हुआ।

एक दिन मुझे गाँव का मित्र मिला। मैंने उससे गाँव की खबर पूछी। सब कुछ बताने के बाद अंत में उसने बताया, ''पिछले दिनों बड़े पंडित की मृत्यु हो गई! बेचारा मुक्त हुआ। परंतु, दुनिया में किसी ने नहीं लिखी होगी, ऐसी वसीयत लिख गया।''

''कैसी?'' कांत्या की यादों से धूमिल बोझिल आवाज में मैंने पूछा।

''उसने लकड़ी के संदूक में रखी संपत्ति—एक पंचांग के कोने में वसीयत लिख रखी थी। 'मेरे संदूक के पैसों में से आधे पैसों से मेरा दहन किया जाए और बचे हुए आधे पैसे सिर्फ मेरे बेटे 'श्रीकांत' को दिये जाएँ।' ''

''क्या-क्या था संदूक में?'' मैंने उत्कंठावश पूछा।

''पचास रुपये और दो बीड़ी बंडल!'' उसने उत्तर दिया। मैं अवाक् रह गया। वात्सल्य दरिद्रता को चिढ़ा रहा था। उस सारे दिन मेरी आँखों के सामने आट्यापाट्या की पट्टी खड़ी हो गई। उसमें से मेरी बचपन की पट्टी कांत्या ने हाथ पसारकर रोकी हुई मुझे दिखाई दे रही थी। किसी को प्रेम, किसी को संपत्ति, किसी को कलानंद, किसी को कुछ, मैंने अगली पट्टियों में सभी को दिया था। परंतु उस पहली पट्टी के हाथ पसारे छरहरे, ऊँचे 'छोकरे' को मैंने क्या दिया? उसने क्या कभी कुछ माँगा भी था। मैंने उसे झाँसा दिया या उसने मुझे? या किसी तीसरे ने हम दोनों को झाँसा दिया था? कुछ पता नहीं चलता।

आज फुरसत में मैं कभी अपने गाँव जाता हूँ। पहले से हाथ भर ऊँचा बढ़ा, एक ऐड़ी नीचे-ऊपर चलता कांत्या मुझे दिखाई देता है। अब भी उस गाँव की देहरी-देहरी ने कांत्या को जिंदा रखा है। गलत! किसी अदृश्य शक्ति से कांत्या जीवित है।

धुले कपड़ों में बेहिसाब बढ़ा मैं प्रेमपूर्वक कांत्या को पुकारता हूँ। आज भी लगता है, कांत्या अपने कंधों पर उठाकर गाँव-भर मुझे दौड़ा लाए! आज दुनिया मुझे सिर पर उठा रही है, परंतु दूर छिटका कांत्या मुझे कांधों पर नहीं उठाता। उसे पुकारते ही वह पहले-सा केला खाने आता, उस तरह सहज भाव से मेरे पास नहीं आता। वह आता है। 'क्यों?' होंठों के भीतर ही भीतर बुदबुदाता हुआ मेरे पास होटल की बेंच पर बैठता है। उसके मन में मेरे बारे में क्या कोई बात आती होगी? वह कुछ कहना चाहता है? कुछ समझ में नहीं आता। अब कांत्या हँसता नहीं। मुँह भर बात नहीं करता, दौड़ता नहीं। बैलगाड़ी में बँधा, पीछे घिसटता थके बैल-सा भरी जवानी में कांत्या जीवन के पीछे चलता-सा मुझे लगता है। उसे ऐसी अवस्था में देखकर मेरे मन में, पका हुआ परंतु, बहुत खट्टा आम दाँतों के बीच फूटने जैसी उबकाई होती है। मेरा हाथ अनायास बगल में बैठे कांत्या के कांधे पर पहुँच जाता है। होटल के छोकरे को मैं दो स्पेशल चाय का ऑर्डर देता हूँ।

समय-समय पर कांत्या ने मजबूरी में जिनसे एक चाय माँगी होगी और जिन्होंने उसे तिलचिट्टे-सा झटककर फेंका था वे गाँव वाले हमें आश्चर्य से देख रहे थे। मैं

उनमें से किसी को भी चाय के लिए नहीं कहता। चुपचाप हम चाय पीते हैं। हाथ पोंछने के लिए जेब से रूमाल निकालते ही मुझे कांत्या की फटी कमीज का टुकड़ा याद आता है। हाथ का रूमाल मुँह पोंछने के लिए कांत्या को देने की इच्छा होती है। वह यदि लेने वाला नहीं होगा तो अपने हाथ से उसका गंदा मुँह सबके सामने साफ-पोंछने की इच्छा हुई। परंतु इनमें से कुछ भी नहीं घटा। सामने 'बड़े' और कांत्या को 'बावला' मानने वाले लोग चाय की घूँट के साथ नज़र गड़ाए हमारी ओर देख रहे थे। मेरे साथ, इस विचित्र आदमी को पाकर सब आश्चर्यचकित थे। मेरे इस व्यवहार का अर्थ लगाने की वे कोशिश करते हैं। मेरा उनकी ओर ध्यान भी नहीं था। वे जो कुछ खोज रहे हैं, वह अर्थ वे कभी न खोज पाएँ—मुझे ऐसा ही लगता है!!

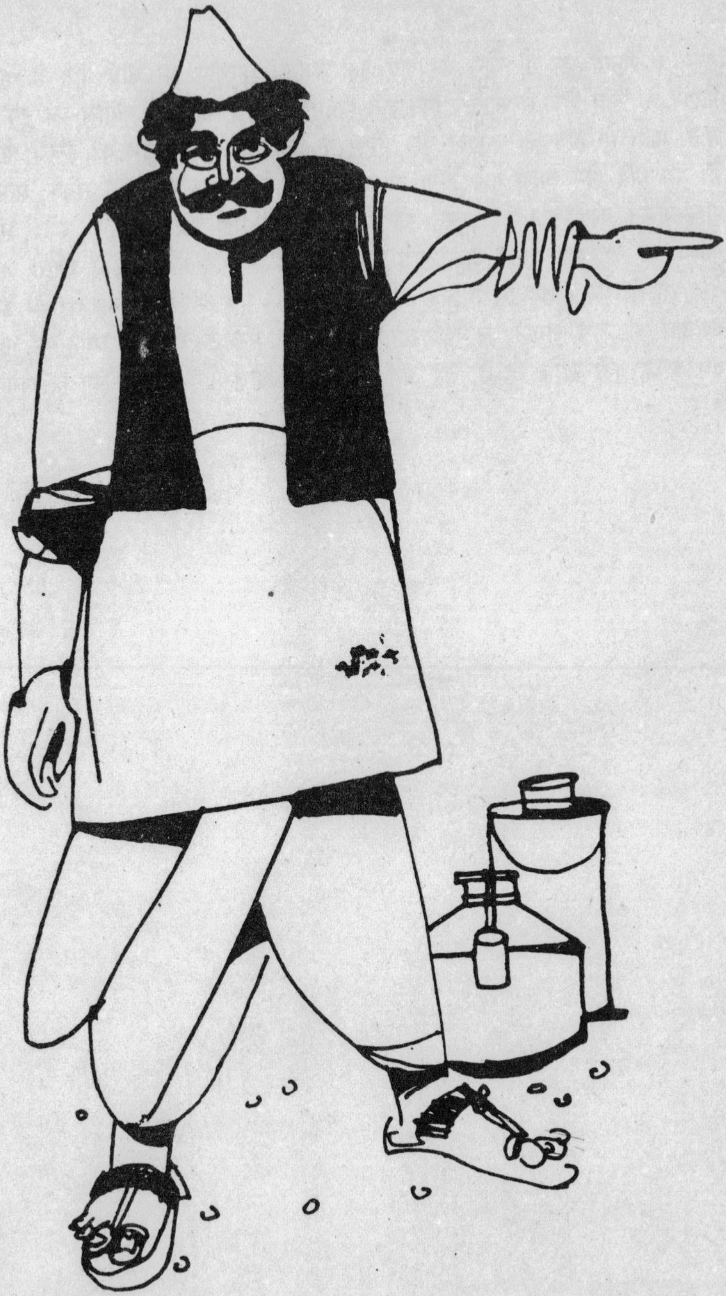

गणपा

'दुनिया यह एक रंगमंच है!' शेक्सपियर का साहित्य के रंगमंच पर अपार यश हासिल यह एक कथन है। परंतु मुझे हमेशा ही यह लगता रहा कि, ''रंगभूमि की भी एक अलग दुनिया होती है!'' उसका उतना ही मजेदार कारण भी है। 'नाटक' के साथ मेरे बचपन में अत्यंत 'नाटकीय रूप' में संबंध आया। उस 'अलग दुनिया' में अत्यंत 'दुनिया से अलग' ढंग से मैंने उस समय प्रवेश किया!

स्नान, चाय, भोजन, स्कूल, व्यायाम, अध्ययन और परीक्षा के उबाऊ जीवन से कुछ हटकर घटे, यह इच्छा बाल स्वभाव से सुसंगत है। (कम-से-कम मेरे बचपन में वह ऐसा था—मेरा तो अवश्य था!)

इस बाल स्वभाव के लिए नाटक विषय उस दृष्टि से बहुत ही करीबी था। मंच से रंगपुते चेहरे से लंबे संवाद फेंकनेवाला 'नायक' हमें अपना करीबी लगता। रंगमंच का लकड़ी का चबूतरा हमारे लिए ग्रामदेवता के लकड़ी के चबूतरे-सा पवित्र लगता। समुद्र किनारे बालू के किले बनानेवाले लड़के, जैसे ताजे अंडे-सा आगरे का ताजमहल आश्चर्य मिश्रित नजरों से देखते हों वैसे ही हम 'रंगपुते' चेहरों को संवाद फेंकते, अभिनय में डूबे कलाकारों को देखते!

हर वर्ष शिवजयंती के अवसर पर एकाध नाटक अवश्य साकार होता। सारा गाँव नाटक चैतन्य से उफनने लगता। एक शिवजयंती में ऐसा ही एक ऐतिहासिक नाटक आकार लेने लगा। उसमें मोरया गोसावी की एक भूमिका थी। इस मोरया गोसावी का एक बालशिष्य गाँव की नाटक मंडली को चाहिए था। किसी ने मेरा नाम सुझाया। कलाकारों के 'नेता' के रूप में गणपत गवली अभिनय सम्राट् ने मुझे गाँव-चौक में रोका। मैं व्यायामशाला से कसरत करके लौट रहा था। उसके साथ उसके चार शौकिया साथी थे।

''ऐऽ शिवा, अखाड़े से आ रहे हो?'' गणपा ने अपनेपन से बोलते हुए टोका।

''क्या राजाजी? क्या हुआ?'' मैंने उनसे पूछा। गणपा ने 'शिवजी' की भूमिका इतनी जोरदार साकार की कि सारा गाँव उसे 'राजाजी' कहता!

''तुम कुछ भी कहो शंकर, शिवा की तरह बिजली-सा चपल कबड्डी खेलनेवाला लड़का हमारे शिवाजी नगर में नहीं है।'' अपने साथी की ओर देखते हुए गणपा ने

मेरी खुशामद शुरू की।

"अरे हाँ शिवा—शिवजयंती तो आ गई रे! कबड्डी आयोजित करेंगे।" उसने मेरा प्रिय विषय छेड़ा। मैं पिघल गया।

हम कबड्डी की स्पर्धा पर थोड़ी देर चर्चा करते रहे और फुसलाते, खुशामद करते अनुभवी अहीर ज्यों गाय के थन को छूता है उसी तरह गणपा ने अपने मन के विषय को छुआ, "और नाटक का क्या करें? सारा कुछ हो गया है, परंतु एक बाल कलाकार का काम करने के लिए एक साहसी छोकरा चाहिए! तू कर दे रे कमाल!"

"हँऽ! क्या बेकार की बात करते हो राजाजी! मेरे लिए संभव नहीं नाटक में काम करना।" मैंने उसे झटक दिया।

"असंभव क्या है? वहाँ क्या कोई मेहनत करनी है, क्या कँटीली झाड़ियों का गट्ठा बनाना है? क्या तुम डरपोक छोकरे हो? इतना पढ़ते हो और छोटे-से नाटक में काम तक नहीं कर सकते? कबड्डी के ग्राउंड पर नाचोगे···तूऽ तूऽऽ तू!" गणपत ने हाथ फैलाकर गाँव चौक पर मेरी कबड्डी की शैली की नकल प्रस्तुत कर दी! शंकर, दत्ता, विष्णु गवाह के रूप में खिलखिलाकर हँसने लगे। इससे मैं कुछ उत्तेजित हुआ। उसकी बात मेरे लिए चुनौती लगी। मैंने उसे स्वीकार करने का निर्णय ले लिया।

"यह देखो गणपा, मैं तैयार हूँ, काम करने के लिए। तुमसे अधिक तूफान खड़ा कर दूँगा नाटक में।" मैं बोल पड़ा।

शाम को मेरे घर मोरया गोसावी के बालशिष्य के संवाद की कॉपी आ गई।

समर्थ रामदास ने शिवाजी महाराज का वर्णन किया है, उन्हें लोगों को अपने पक्ष में करने के लिए 'मेलजोल' कैसा होगा पता नहीं, परंतु हमारे 'राजा गणपा' के 'मेलजोल' की पद्धति ऐसी थी।

मोरयाबाबा का गोसावी-शिष्य होना मैंने मान लिया! नाटक का नाम था, 'चंद्रग्रहण'। उस नाटक में मेरे लिए एक गाना भी था। डायरेक्टर—गणपा—वह गाना काटने के लिए तैयार न था!

इस नाटक में शिवाजी की विशिष्ट भूमिका गणपा के पास ही थी। अब कल्पना कीजिए। 'गणपति' नाम का दूधवाला होना कितना आश्चर्यजनक था! तिस पर तीन घंटे ही क्यों न हो, उसका 'शिवाजी महाराज' होना कितना आश्चर्यजनक था!

नाम से 'गणपति' हमारा यह खास अभिनेता व्यवसाय से 'गोपाल' था। अपने नाम जैसी ही अर्थात् 'श्री गणेशाय' इतनी ही उसने सरस्वती की आराधना की थी। अहीर के रूप में देह-काठी तो भारी-भरकम होती, ऐसा भी नहीं था! जिद्दी बछड़े की तरह जहाँ का तहाँ दिखनेवाला, साँवले रंग का और तेज-तर्रार लंबी नाक का 'गणपा' शिवाजी की भूमिका में इतना फबता कि शरीर को नाप-तौल कर रखता,

दायाँ पैर आगे बढ़ाते हुए, कान के कर्णभूषण डुलाते हुए विंग से रंगमंच पर घुसा कि मिनट-भर तालियों की गड़गड़ाहट गूँजती रहती!

उपस्थित जन-समुदाय कानाफूसी करते, "कौन है रे यह? कुछ भी हो, बेटा शेर की तरह मंच पर उतरा है।" "अरे वो 'गणपा' है। पुंडलिक अहीर का बेटा।" सवाल को कोई उत्तर दे देता।

गणपा शिवाजी के वेश में देह तौलकर, लंबे और कसे हुए संवाद फेककर रंगमंच पर घूमता और प्रेक्षक, वह 'अहीर' है, भूलकर पल भर में उसके रंगमंच के साथ एकाकार हो जाते।

रंगमंच पर प्रवेश करते हुए बिना भूले वह दायाँ पैर पहले रखता। (शिवाजी की भूमिका में बायाँ पैर रंगमंच पर बढ़ाना ठीक नहीं, यह किसी भी नाटककार की प्रतिभा से प्रस्फुटित न होकर गणपा का अपना विशेष मनोविज्ञान था।)

शिवजयंती का दिन आते ही गणपा अपना 'ग्वालापन' भूल जाता। नाटकलोभी स्कूली बच्चे गणपा के शिवाजी की भूमिका के संवादों की नकल की कॉपी सबसे पहले उसके हाथों पर रखते। अभ्यास से साफ उच्चारण सीखा हुआ गणपा वह कॉपी कंबल के गिलाफ में रखकर—वह गिलाफ काँधों पर रखता। दिन उगने से पहले अपने घर के पिछवाड़े बहुत बड़ी गोशाला से गाय-भैंस खूँटे से अलग कर जंगल ले जाया करता। कंधे पर रखी घुँघरूदार लाठी पर वह चील के पंखों-से अपने दोनों हाथ पसारता। उसका ऊँचा कर्र-कर्र करता जूता गाय-भैंसों के पीछे बजता रहता। भैंस के गले की घंटी बहुत सुहानी आवाज बिखेरती।

कोई शरारती भैंस दूसरी को धक्का देती तो रास्ते का पत्थर उठाकर उस पर फेंकता हुआ गणपा चिल्लाता, "थ्रुईऽ थ्रुईऽ ये भोरीऽ, बहुत गुणी मानता हूँ तुझे और तू ऐसा करती है? तुझे शेर खा जाए।" अपनी पसंद की सफेद रंग की भैंस को वह 'भोरी' कहता।

हिरण्यकेशी के किनारे चारागाह में गणपा की भैंसें पूँछ नचातीं, गले के घंटानाद की धुन में चरती रहतीं। हिरण्यकेशी के इस छोर से उस छोर तक अधर में बिछाए विक्टोरिया पुल के भारी-भरकम पत्थर की कमान की घनी छाया में गणपा अपना कंबल बिछाता। कमान की दीवालों में चिपका मील के पत्थर-सा एक तराशे गए चौकोर पत्थर पर अपना सिर टिकाता। गांधी टोपी पहने उसके सिर में सीधे 'शिवाजी' दौड़ने लगते!

कंबल की खोल से संवाद की कॉपी निकालकर गणपा उसे आँखों के सामने रखता। उसकी आँखों के रंग पल-पल बदलते। मैं एक अहीर हूँ, एक पुल के नीचे बैठा हूँ। जंगल में आने-जाने वाले लोग कमान के नीचे से आ-जा रहे हैं—किसी-किसी बात का उसे कोई भान न रहता।

खनकदार, मराठा सैनिक, ऐतिहासिक भाषा के शब्द कमान के नीचे घूमने

लगते—''जयवंतरावऽऽ, आप धीरज रखें! यशवंतरावऽऽ बोलिए, आप हमारे प्रश्नों के उत्तर क्यों नहीं देते?'' इस संवाद का 'धीरज' शब्द का उच्चारण करते हुए गणपा का हाथ कॉपी छोड़कर उल्टा हो जाता (सामने जो नहीं है), जयवंतराव को चुप करा जाता! ''उत्तर क्यों नहीं देते?'' इस प्रश्न का 'क्योंऽऽ' वह कुछ इस तरह मजेदार फेंकता कि कमान की ओट में गणपा को न देखते हुए यदि कोई वह संवाद सुनता तो उसे लगता कि साक्षात् शिवाजी महाराज ही अपने कड़े स्वर में किसी सरदार के साथ, भौंहें ऊँची कर कोई पूछताछ कर रहे हैं।

ईश्वर के स्वराज की शपथ लेकर सह्याद्री की घाटियों में दौड़ते शिवाजी महाराज के नाट्य-आविष्कार का पूर्वाभ्यास इस तरह वास्तव में पहाड़ों की तराइयों पर नदी किनारे होता। गणपा स्वयं को भूलकर, पूर्णतः शिवमय हो जाता। नीचे बिछाए कंबल पर ही वह शरीर सँभालकर सिंहासन पर बैठा समझकर उसी आवेश में धड़ाधड़ संवाद की बौछार शुरू करता। ''शेषनाग के पीठ पर विराजमान नारायण, इस अभागे महाराष्ट्र की पुकार तुम्हारे कानों में क्यों नहीं पड़ती?'' गणपा को 'अभागा' शब्द का उच्चारण न बनता। वह 'अबागा' कहता! परंतु गाँव के दर्शकों ने इस बारे में कभी शिकायत नहीं की। उन्हें उस शब्द का अर्थ मालूम था। महाराष्ट्र 'अभागा' है, इस बारे में उनके मन में कोई शंका न होती!

गणपा का पूर्वाभ्यास उस कमान के नीचे अपने पूरे उभार पर होता। कमान के पथरीले गढ़े में पतली आवाज में कलरव कर रहे पक्षियों के कल्लोल से उसकी नाट्य समाधि कभी भंग न होती!

एक बार पूर्वाभ्यास के संवादों में वह इसी तरह डूबा था। भड़भुंजे की भट्ठी में तपे रेत पर चने जिस प्रकार फूट रहे हों, उसी तरह संवादों के बाद संवाद बिखेरता। अचानक 'धप्प' सी आवाज उसे सुनाई दी, परंतु उधर उसका ध्यान नहीं था।

कमान के गढ़े में असावधान एक जंगली तोते को डेढ़ गज के काले नाग ने अपने जबडे में जकड़ लिया था! उसे निगलने की कोशिश में वह तोते समेत कमान से नीचे लुढ़क गया।

'गणपा' की रिहर्सल चालू थी। ''शेष की पीठ पर विराजमान नारायण…!''

सामने उस 'शेष' का एक खतरनाक 'वंशज' धूल में आ गिरा था, इस बात की जानकारी गणपा को नहीं थी। डरा हुआ तोता क्षण भर चुप था। परंतु किसी 'दुर्भाग्य' में फँसने का आभास होते ही वह 'चिर्रर, चिर्रर' करता भयानक चीत्कार करने लगा।

उस आवाज की ओर गणपा का ध्यान गया और 'राजा गणपत' कंबल के सिंहासन से तुरंत उठ खड़े हुए! हाथ में संवाद की कॉपी, सिर पर गांधी टोपी, शरीर पर ग्वाला कुर्ता, कमर में धोती—ऐसा उनका ठाट था! पल-भर गणपा की कुछ समझ में ही नहीं आया। इस खतरनाक घड़ी में गणपा महाराज के पास सलाह-मशविरा के लिए कोई नहीं था!

तभी अचानक गणपा का ध्यान कंबल के पास रखी, घुँघरूजड़ी अपनी लाठी पर गया। हाथ की संवादों की कॉपी नीचे रखने को कभी तैयार न होने वाले गणपा ने कॉपी का चोंगा बनाकर उसी हाथ से लाठी उठायी।

शिवाजी महाराज के मुख में शोभायमान होते ऐसे 'नमकहराम, दगाबाज!' जैसे कड़े बोल कमान के नीचे घुमाते हुए गणपा हाथ की लाठी से जोरदार वार उस नाग की कुंडली पर करने लगा। दो-चार वार में ही उस नाग ने तोते को छोड़ दिया। डरा हुआ तोता दो-चार छलाँग लगाकर किनारे हो लिया। गणपा ने नाग का सिर कुचल डाला। लाठी से कुंडली उठाकर बाड़ पर फेंक दिया। तब उसे लगा कि ग्वाले की लाठी 'विषैली' हो गई होगी!

''अरेऽ रे! गड़बड़ हो गई! महाराज, महाराज हथियार विषैला हो गया। क्या किया यह?'' स्वयं से ही बतियाता गणपा हाथ की लाठी बाड़ में फेंक देता है। (संवाद की कॉपी वैसी ही हाथ में रखकर!)

कंबल से एक धागा निकालकर, गणपा ने डरे हुए तोते को पकड़कर उसके दोनों पैर बाँध दिए। उसे पूरी तरह बंदी बनाकर बगल में रख दिया। संवादों की कॉपी खोलकर उसकी रिहर्सल फिर शुरू हो गई—''शेष के पीठ पर विराजमान नारायण····(शेष हमेशा के लिए सुलाकर, उसके पीठ पर नारायण को बैठाकर गणपा उसे पूछ रहा था।) इस 'अबागे' महाराष्ट्र की पुकार तुम्हारे कानों तक क्योंऽऽ नहीं पहुँचती?''

पैर बँधा तोता बीच में ही डर से चीत्कार उठता— 'चिर्रर्र!' उसकी आवाज कानों में पड़ते ही उसकी ओर देखे बगैर गणपा हाथ का पंजा उठाकर उसे ऐतिहासिक संकेत करता होता—''धीरजऽ, धीरजऽ!''

गणपा तोते को घर लाया। उसके लिए एक शानदार पिंजड़ा बनाया। उसे अपने ऐतिहासिक संवाद बड़ी मेहनत से सिखाने लगा। तोता ईमानदार निकला। गणपा दिखाई देते ही लाड़युक्त आवाज में 'राजे····राजे' कहता, पिंजड़े के तारों से फड़फड़ाते पंख टकराता गर्दन हिलाता, झूमकर नाचता। रतिबा के दूध हिसाब में कुछ गड़बड़ी हुई और कोई गणपा के घर आकर विवाद करने लगा तो वह गर्दन टेढ़ी कर तिरछी नजरों से उसकी ओर देखकर टोकने लगा, ''धीरजऽ! धीरजऽ!''

इसी तरह शिवजयंती के एक वर्ष ऐतिहासिक नाटक के समय गजब हो गया। उस साल नाटक था—'समर-योद्धा।'

शिवाजी की भूमिका हमेशा की तरह गणपा के पास ही थी। उसने एक नरम डाल तोड़कर उसकी पतली छाल निकाल डाली। अपने सिर के नाप का टोप गणपा स्वयं बनाता। किसी और के द्वारा बनाया टोप उसे कभी न भाता। बेल की डंठल से उसने टोप तैयार किया। वह घर में किसी को दिखाई न दे इसलिए बाहर के कमरे के दीवानखाने के पलंग के नीचे रखा।

नाटक का पूर्वाभ्यास पूर्ववत् चल रहा था। गोशाला की भैंसों की रात की दोहन के बिना उसकी छुट्टी न होती। समय पर पूर्वाभ्यास के लिए आना उसके लिए संभव न होता। गणपा का बाप पुंडलिक अहीर एक कठोर बूढ़ा था। चक्री लाल पगड़ी पहनकर, भरपूर बटुए में पान, सुपारी, कत्था मिलाता हुआ बाहर के कमरे से लगे एक छोटे कमरे में वह कंबल पर बैठा होता। उसे गणपा का यह नाटक कतई 'फास' न लगता।

मैं गणपा को पूर्वाभ्यास के लिए बुलाने उसके घर गया। नाटक के पूर्वाभ्यास के लिए बुलाने आया हूँ यह 'आबासाहेब' को मालूम न होने देना था। वह बुढ़ऊ महाखूँसट था!

मैंने दरवाजे से झाँकते हुए पूछा, "राजे हैं?"

"कौन राजा? कोई नहीं भीतर।" अगले कमरे से कठोर, फटी आवाज आई। मैं सकपकाया।

"गणपा है क्या? दूध चाहिए।" मैंने थाह लेते कहा।

"गणपा भी नहीं है और दूध भी नहीं है। होंठ निचोड़ने पर दूध नहीं निकलेगा और यह मुझे पढ़ाता है। नाटकबाज़ भड़ुए····नाटक खेलते हैं!" पुंडलिक अहीर ने मुझे आड़े हाथों लिया।

मैं दरवाज़े से ही भागने की फिराक़ में था। इतने में दूध निकालकर राजे गणपा ही बाहर के कमरे में आ गए। हाथों के इशारे से उन्होंने मुझे भीतर बुलाया।

जमीन पर झुककर गणपा ने पलंग के नीचे हाथ डाला। वह बड़ी खुशी से अपना टोप मुझे दिखाना चाहता था।

टोप के साथ ऊपर खड़े होते गणपा ने शिवाजी महाराज जैसी भौंहें ऊपर उठाते टोप अपने सिर पर रखने के लिए सीधा किया और एक सफेद-शुभ्र ताजा अंडा टोप के किनारे से फिसलता हुआ पैरों के पास जमीन पर आकर फट् से फूट गया। सफेद-पीला चिपचिपा पदार्थ जमीन पर फैल गया।

मैं जोर से हँस न सकता क्योंकि पास के कमरे में गणपा के कड़े 'आबासाहेब' प्रत्यक्ष उपस्थित थे। अपनी कलाई मुँह में ठूँसकर मैं भीतर ही भीतर हँसने लगा।

वार किया तब भी सही-सलामत भाग गए शाहिस्ताखान की खिड़की की ओर शिवाजी ने जैसा देखा, होगा उसी तरह गणपा भौंहें चढ़ाकर फूटे अंडे की ओर देख रहा था।

टोप में घुसखोरी करनेवाले उस अंडे को ज्यों गणपा की भौहें पूछ रहीं हों, "ये मजाल! हमारे टोप में बैठक जमाने की किसकी हिम्मत है?"

अंडा टोप में आया कैसे इसका रहस्य गणपा ढूँढ़ता रहा। फिर स्वयं से ही बोलने-सा बुदबुदाया, "अरे इन औरतों को वक्त पर भैंसों के लिए चारा डालना नहीं जमता, परंतु मुर्गियाँ पालने का बड़ा शौक। धीरज धरो बदमाशो, इस नाटक को एक

बार हो जाने दो पूरा! सारी मुर्गियाँ काट डालूँगा!''

घर की औरतों की पाली हुई मुर्गियों में से एक ने कूऽकूड़ऽकू करते हुए टोप में उतरकर बैठक जमाने की हिम्मत की थी। उसने गणपा के टोप में एक शानदार अंडा दिया था!

वह शाहिस्ताखान शिवाजी के पुणे के लालमहल में घुसा होगा, परंतु यह देसी मुर्गी 'गणपा राजा' के टोप में सीधे घुस गई थी!

इसी टोप ने, उस वर्ष नाटक में गणपा के लिए बड़ी गड़बड़ी खड़ी कर दी। नाटक के दिन एक मराठा सरदार की भूमिका करने वाला 'दत्ता' नामक अभिनेता अपने प्रवेश के समय हड़बड़ी में गणपा शिवाजीराजा का टोप पहनकर रंगमंच पर पहुँचा!

पल-भर दर्शक चौंक गए। परंतु उनकी कोई शिकायत नहीं थी। दत्ता के सिर पर राजा का टोप और होंठों पर उनके बारे में ईमानदार संवाद, ऐसे ठाठ में वह रंगमंच पर आया था। कथानक नाटककार के शब्द बोलते हुए आगे सरक रहा था। इसी बीच गणपा का प्रवेश हुआ।

प्रॉम्पटर दबे स्वर में पीछे मुड़कर बोला, ''गणप्या इंट्री आ गई!''

हाथ का चाय का कप नीचे रखते हुए गणपा महाराज उठे। रंगमंच जाने के लिए।

एक ओर गणपा स्टेज पर जाने के बाद संवाद मन ही मन याद कर रहा था, तो दूसरी ओर अपना टोप सरसराती निगाहों से खोज रहा था।…टोप न मिलता। मिले कैसे? राजा बुरी तरह फँस गये। सब पर क्रुद्ध दृष्टि फेरता हुए गणपा बोला, ''भडुवो, मेरी पार्टी मंच पर औंधे मुँह गिरे, इसलिए साज़िश की है? किसने चुराया मेरा टोप? चुपचाप लौटाते हो या एक-एक की खबर लूँ?'' गणपा का हाथ, कमर में लटक रही तलवार पर बार-बार जाता।

सबकी घिग्घी बँधने की बारी आ गई थी। गणपा की इंट्री नहीं हो रही थी। स्टेज पर 'दत्ता' मराठा सरदार नाटककार के बचे-खुचे सारे संवाद फेंककर मुक्त हो गया था। अगले अंक के भी कुछ संवाद उसने बतौर 'स्वगत' कह डाले थे। जब संवाद याद ही न आते तब यूँ ही 'एक्शन' के रूप में बेवजह हलचल शुरू कर दी थी। बीच-बीच में सिर पर रखा टोप यूँ ही ठीक करता रहता। पीठ पीछे हाथ बाँधकर स्टेज पर गंभीर चक्कर लगाने लगा। अपने सिर पर राजा का साक्षात् टोप है, इस बात की उसे कल्पना तक न थी। दर्शक शांत थे। (शर्तिया तौर पर यदि लिखना हो तो किसी भी महान् नाटककार के लिए जो संभव नहीं था ऐसा नाटक मंच पर चल रहा था।)

दत्ता को पता न चलता कि महाराज मंच पर क्यों नहीं आ रहे हैं। गणपा को यह पता न चलता कि टोप कहाँ गायब हो गया। प्रॉम्पटर को भी इस समय कुछ सूझ नहीं रहा था। दत्ता के साथ ही दर्शक भी गणपा के प्रवेश की प्रतीक्षा कर रहे थे।

अंततः एक हल निकल आया। किसी ने गणपा को सलाह दी, ''गणपा, अब

ऐसे ही मंच पर जाओ! लोग-सा कौन टिकट खरीदकर नाटक देख रहे हैं?''

गणपा को सलाह ठीक लगी। टोप के बिना नंगे सिर गणपा मंच पर आ धमका। उसे देखते ही राजा के दर्शन के आतुर दर्शकों ने तालियों की गड़गड़ाहट की! प्रॉम्पटर की जान में जान आई। गणपा नंगे सिर मंच पर आ तो गया परंतु, सामने मराठा सरदार के सिर पर अपना टोप देखकर आग-बबूला हो गया! सारे प्रयासों के बावजूद उसे संवाद याद न आते!

अपनी भौंहों के इशारों से वह दत्ता को बताना चाहता, ''तुम्हारे सिर पर मेरा टोप कैसे? क्या कर डाला रे हरामखोर?'' दत्ता उसकी भौंहों के अनपेक्षित इशारे नहीं समझ पा रहा था। उसे लगा कि मेरा काम उससे अच्छा न हो इसलिए यह अहीर अपनी ओर से 'एक्शन' कर रहा है! प्रत्युत्तर में उसने भी अपनी भौंहें ऊपर-नीचे करनी शुरू कर दीं। यह 'भृकुटी अभिनय' थोड़ी देर तक ऐसे ही चलता रहा। दर्शकों को लगा यह नाटक का ही एक अपरिहार्य भाग है।

मंच पर ये दोनों अभिनय सम्राट् बार-बार और दर्शक तक को सुनाई पड़े, इतनी ऊँची आवाज में कहने के बाद भी, संवाद क्यों नहीं बोलते, यह बात बेचारा प्रॉम्पटर नहीं समझ पा रहा था! उसने विंग में से झाँककर मंच का जायजा लिया। सारी बात ध्यान में आते ही उसने माथा ठोंक लिया और दबी आवाज में बोला, ''सत्यानास! गणपा का टोप दत्ता के सिर पर!''

उसने जल्दी में परदे के पीछे जाकर दत्ता मराठा सरदार से धीरे से कहा, ''दत्ता तुम्हारे सिर पर राजा का टोप है!'' काफी देर तक क्या संवाद बोले इस चिंता में दत्ता था इसलिए बिना कुछ समझे प्रॉम्पटर द्वारा कान में कहे शब्द ऐतिहासिक ठाठ में उसी तरह मंच पर कह दिए, ''दत्ताऽ, राजा का टोप तेरे सिर पर हैऽ!'' दर्शक नाटक में डूब गए थे!!

एक मिनट उसी तरह निकल गया। गणपा को पूर्वाभ्यास में कभी सुनाई न पड़ने वाला वाक्य अपने सरदार की ओर से सुनाई दिया। फिर भी अपना 'राजापन' न भूलते हुए वह दत्ता के सिर के टोप को घूरता रहा।

अब दर्शकों में से कोई मंच पर आकर या प्रॉम्पटर मंच पर घुसकर दत्ता के सिर का टोप उतारकर गणपा महाराज को पेश करे—बस इतना ही बाकी रह गया था!

परदे के पीछे, इस विंग से उस विंग तक भागते-भागते बेजार हुआ प्रॉम्पटर अंततः साक्षात् नाटककार को भी सुनाई दे जाए इतनी ऊँची आवाज में चिल्लाया, ''दत्याऽऽ, सिर का टोप नीचे रखो!''

दत्ता के टोप के नीचे के उपजाऊ दिमाग में अब रोशनी कौंधी! भवानीमाता के हाथ से जिस पोज में राजा के तलवार प्राप्त करने का चित्र है, उसी पोज में अपने सिर का टोप उतारकर वह दोनों हाथों से गणपा को देता हुआ, उसे जैसा भी बन

पड़ा, बोला—"महाराज, इस सेवक को माफ करें। कसूर हुआ।"

गणपा ने उसके हाथों से वह टोप राजसी अंदाज में लिया और अपने सिर पर चढ़ाया। इसे देखते ही दर्शकों ने फिर तालियों की गड़गड़ाहट की।

मंच पर चल रही इस विचित्र घटना का नाटक से कोई संबंध नहीं था! बेचारा कथानक गणपत राजा की आज्ञा की राह देखते पुस्तक में पड़ा रहा। उस नाटक का मंचन देखने नाटककार हाजिर होता तो? मंच पर आकर सीधे वह गणपा की कमर में बँधी तलवार खींचता और उसकी तथा अभिनय सम्राट् दत्तोपंत की गर्दन एक ही झटके में उतार दी होती!

वह ऐतिहासिक नाटक गणपा-दत्ता और मंडली के चंगुल से इतनी दुर्घटना के बाद भी सही-सलामत नहीं छूटा। किसी तरह पहले अंक पर परदा गिरा। थके-माँदे ऐतिहासिक हट्टे-कट्टे पुरुष चायपान के लिए मेकअप रूम में गए।

क्रुद्ध गणपा ने टोप उतारकर बेंच पर रखा और उसने पहले चाय का कप उठाया। "भुखखड़ है रे तू दत्या!" दत्ता की गालियाँ गिनते हुए गणपा ने चाय खत्म की। उसके सारे दोस्त उसे बता रहे थे, "महाराज, क्रोधित न हों। अभी दो अंक बाकी हैं। रंग जमा दीजिए।"

इतने में गणपा को देखने आया एक स्कूली लड़का गणपा के जगमगाते चमकीले कपड़ों को देखते-देखते बेंच पर बैठ गया। गणपा का मशहूर टोप उसकी सीट के नीचे पिचक गया!! उस आवाज़ से गणपा का कलेजा चटक् गया!

उस लड़के की बाँह पकड़कर उसने उसे बेंच से जोर से खींचा। ऐतिहासिक टोप का बिलकुल उपला बन गया था। लड़का डरा हुआ खड़ा था। अब उसका गाल रँग जाएगा, यही हमने सोचा। परन्तु, राजा के वेश में गणपा शरीर से खानदानी अहीर, भैंस समझकर उससे उसी तरह बोल गया। "तुझे शेर खा जाए! किसका है रे तू बावले!" इसे सुनकर बच्चा रोने लगा।

"अरे, तू क्यों रोने लगा। रोना तो मुझे चाहिए।" हाथ के टोप का उपला आरती की तरह उस लड़के के चेहरे पर घुमाता हुआ गणपा बोला। कोई उस लड़के को बाहर ले गया।

उस नाटक के दोनों अंकों में गणपा शिवाजी के वेष में बिना टोप के ही रहा। दर्शकों ने इसके लिए किसी को कुछ नहीं पूछा। उन्हें मालूम था, शिवाजी की पोशाक में कुछ नहीं धरा है, जो कुछ है, उनके विचारों में है।

ऐसा यह गणपा। उसका 'भजन' एक और अनुभव था। तालियों के ताल पर वह अभंगों के बोल अपने गले से साकार करता।

"देखो रे यारो!" कबीर का यह दोहा वह गर्दन तिरछी कर ऐसा गाता ज्यों कबीर के दोहे में वर्णित ज्ञानराज की पालकी ही शब्दों के बंधन तोड़कर प्रत्यक्ष साकार हो जाती।

'यशोदा (जोर से कहते हुए) तन माँगे भगवंत' इस लोकगीत के यशोदा शब्द का उच्चारण वह 'यश्वदा' किया करता। परन्तु उस 'यश्वदा' में उसके अहीर मन का लगाव इस तरह घुल-मिल जाता कि मेरी आँखों के सामने बड़े रंजन में, छाछ भरता किनारा उभरता। उस बड़े घड़े में बड़ी रई डालकर 'मंथन' करने वाली पीठ पर बैठी यशोदा माता दिखती। उसकी पीठ से सटा साँवला श्रीकृष्ण होता···

मैंने गाँव छोड़ा और यह समूची ग्वालों-किसानों की दुनिया मुझसे बहुत दूर निकल गई। अब गाँवों में नाटक नहीं होते। यदि हुए तो ऐतिहासिक नहीं होते।

कभी-कभार साल में एक बार गाँव गया तो गणपा मुझे साइकिल पर आता दिखाई देता है। उसकी राजसी ठाठ-शान गर्मी में औटती भैंसों-सी सूख गई। उसकी गांधी टोपी, कुर्ता, धोती बदल गए हैं। एक सादी पट्टेदार आधी पैंट और एक मैली-सी कमीज उस पर होती है। चेहरे पर परिस्थिति की बेईमानी के नाखूनों के गहरे निशान दिखाई देते हैं। राजा के पागलपन से आकर्षित वह जवाँ-मर्द गणपा गायब हो गया है।

मुझे देखते ही वह साइकिल से नीचे उतरता है। आज भी उन्हीं शब्दों से आवाज देता है, "शिवा, कब आया कोल्हापुर?"

हम दोनों किसी होटल में चाय पीते हैं। गणपा को पान खाने की आदत होने के कारण पान के ठेले के सामने आता है। पानवाला गणपा का डबल चूने का 'मर्दाना' पान बनाता है। मैं उसे पूछता हूँ, "क्यों महाराज, नाटक-वाटक नहीं होता गाँव में?" पान मुँह में ठूँसकर तंबाकू की चुटकी, गर्दन ऊपर कर निचले होंठ में दबाते हुए गणपा कहता है, "कोई मज़ा नहीं रहा शिवा! कैसे-कैसे फालतू नाटक लेते हैं। वह नहीं किया जाता।" एक व्यथा उसके दिमाग में तैर जाती है।

"महाराज, क्या आपको अपने नाटक याद आते हैं?" मैं उसे चिढ़ाता हूँ।

गणपा की काईसनी आँखें जल उठती हैं। वह फिर अपने सपनों में पहुँचता है। पान के ठेले के सामने गणपा के खनकदार संवाद उभरते हैं, "किला जीत गए···पर हीरा खोया तो खो ही गया न?" आने-जाने वाले विस्फारित आँखों से हमें देखते हैं···अचानक गणपा की समाधि टूटती है। मुँह की पीक बगल में डालते हुए वह कहता है, "चलता हूँ शिवा, काफी समय हो गया। दूध दुहना है।" मेरा हाथ क्षण-भर दबाकर गणपा साइकिल पर टाँग मारता है। दूध की गगरियाँ एक-दूसरे में घिसते ही खड्-खड् करने लगीं। उसकी साइकिल रिरयाती हुई आगे बढ़ी। मैं भूतकाल में घूम जाता हूँ। मेरे दिमाग में उसका संवाद घूमने लगा—"शेष की पीठ पर विराजमान नारायण, इस अभागे महाराष्ट्र की पुकार तुम्हारे कानों में क्यों नहीं पड़ती?"

उसे कितना बदला हुआ, दूर जाते हुए देखकर मेरे मन में एक विचार अचानक कौंधता है, "आदमी आदिम युग से किसी न किसी पागलपन पर जीता रहा है और जीता रहेगा!"

संतू

होटल कहते ही एक विचित्र दृश्य हमारी आँखों के सामने उभरता है। वाल्यूम स्वीच टूटने तक 'ऑन' करने के कारण कर्कश शोर करने वाला रेडियो, उस पर हिन्दी, मराठी, कन्नड़, पंजाबी किसी भी प्रकार के 'गाने' के नाम पर एक स्वर हंगामा, "चार आदमी बीस पैसे, पीछे वाला एक आदमी खाली, एक गिलास पानी!" इस तरह के 'होटलकोष' के छोकरों की ईमानदार चिल्लाहट, कप-बशी से उठती खनखनाहट, 'मालिक' नामक निर्विकार आदमी के नौकरों पर चल रहे अकारण रौब-दाब, ऐसा ही कुछ चटपटा चरपरा दृश्य होता है!

आजकल मोर्चे, प्रदर्शन, हड़ताल के लिए असंख्य लोगों को 'एक दिन के कैद की सज़ा' दी जाती है। ऐसे कैदियों को जेल में क्यों भेजते हैं, यह बात मेरी समझ में नहीं आती। 'एक दिन' उन्हें बड़े शहर के भीड़ भरे होटल में भेजना चाहिए। दूसरे दिन वे स्वयं ही हिमालय का रास्ता नापेंगे!

आज 'होटल' संस्था इतनी बदनाम हो गई है फिर भी एक व्यक्ति की हार्दिक यादों के कारण इस संस्था के बारे में हमेशा अनाफलनीय अपनापन रहता है। कुछ लोग जहाँ हाथ लगाएँ वह वस्तु 'सुनहरी' हो जाती है, यह सच लगता है।

'खाजा' नामक एक पदार्थ होता है। गेहूँ के आटे की पपड़ी पर और झिल्ली-सी परत चढ़ाकर बड़ी बनायी जाती है। शक्कर के पाक में काफी देर तक डुबोकर रखने के कारण बीच की झिल्लियों में रुका पाक अंदर रह जाता है। मुझे 'संतू' उसी खाजा की तरह लगता रहा है। बाहर मीठा और भीतर बहुत मीठा!

संतू का उपनाम था 'नरके'। परंतु उसके नाम के 'संता' ने उपनाम का 'नरक' दूर फेंक दिया होगा।

संतू का एक छोटा-सा होटल था। 'हिन्दमाता रेस्टॉरेंट!' उस होटल के बोर्ड पर, सद्यस्नाता, बाल बिखराई स्त्री का चित्र था। होटल के नाम में जो 'हिन्दमाता' है, वह ग्राहकों को 'प्रत्यक्ष' दिखाई दे, ऐसा उद्देश्य चित्रकार का होगा। मुझे वह चित्र बहुत पसंद था। लगता 'संतू का होटल' यह एक घर ही है। उस घर की दहलीज पर वह उस घर की स्नेहिल स्त्री है। मंद मुस्कान, न हिलते, न बोलते, मूक स्वागत करती हुई!

होटल

वास्तव में वह होटल था, यशवंतराव देसाई का। संतू वहाँ एक नौकर था। परंतु सारा गाँव उस होटल को 'संतू का होटल' कहता। आज हमारे सारे समाज जीवन का 'होटल' हो गया है। ऐसे में एक 'होटल' का 'घर'-सा बनाने वाला संतू मुझे जादूगर लगता।

ऐन ठंड के दिन होते। पेड़-पौधों, खपरैल के घरों, रास्तों पर कोहरे का कब्जा होता। भोर में उठे संतू ने 'चूल्हा' सिलगाया होता। उसमें से उठती धुएँ की लपटें 'हिन्दमाता' के खपरैली छप्पर से उभरकर बाहर कोहरे में मिल रही होतीं।

संतू द्वारा रात को चीरे, घंटे-भर मलकर रखा प्याज पूरी तरह सन चुका होता। एक बहुत बड़ी कड़ाही भट्टी पर चढ़ाई जाती। जिस प्रकार बरसात में पेड़ों के पत्तों से मोटी-मोटी बूँदें टपटप उतरती हैं, ठीक उसी तरह संतू की अनुभवी उँगलियों से कड़ाही के तपे तेल में ठोस भजिए उतरने लगते! उन्हें अपने पेट में समा लेते हुए खिलाते हुए तपता तेल फँसफसाकर उबलने लगता। चटपटा स्वादिष्ट स्वाद कोहरे का हाथ पकड़कर दूर-दूर तक फैल जाता!

'भजलोभी' लोग 'विचलित' हो जाते। गंध की दिशा में आने वाले अनेक 'खवैया कदम' संतू के होटल की देहरी लाँघने लगे।

मैं भी 'हिन्दमाता' के सामने आता। कोहरे से ढँके बोर्ड की ओर दृष्टि घुमाता। वह खुले बालों वाली महिला कोहरे में दिखाई न देती। कुछ अटपटा-सा लगता। चतुर अबाबील-सी नजर रखने वाला संतू भीतर से पुकारता, "चलो, ऐ शिवा, पहले दौर की प्लेट खत्म होती आई!"

मैं भीतर जाता। सारे बेंच लोगों से भरे होते। परंतु किसी तरह की भागमभाग न होती। बस में जिस तरह कन्डक्टर घूमता है, उसी तरह चपलता से संतू सारे टेबिल सँभाल रहा होता। साफ बनियाइन पहना, आधी खाकी चड्डी, बालों को ठीक ढंग से तेल लगाकर करीने से बाल काढ़े, साँवले रंग का छरहरे बदन का, पर थोड़ा-सा झुका हुआ संतू, हँसकर मेरा स्वागत करता।

उसकी उँगलियों में आटा सना होता और वह हाथ उठाकर भट्टी की दिशा में संकेत करते कहता, "जाइए, भीतर सँभलकर।" संतू की विशिष्ट भट्टी के कमरे में अलाव के पास मेरी बैठक जमती। करारे प्याज के पर्तों के भजिए पेट में उतरते।

संतू का सिनेमा का फालतू शौक आजरा में लगा। जिस दिन सिनेमा को जाना होता उस दिन रात को संतू के हाथ की गुलाम छुरी सरासर प्याज चीर कर मुक्त हो जाती। प्याज के टुकड़े नमक के पानी में भिगोकर, मसलकर संतू थियेटर का रास्ता नापता। अपनी पगार के पैसे से रोज किसी-न-किसी को अपने साथ सिनेमा देखने ले जाता।

यही संतू, अनंतचतुर्दशी को गाँव के विठोबा के मंदिर में साप्ताहिक धार्मिक जुलूस जब मृदंग-मंजीरों के संगीत-उत्साह में बाहर आता, तब वह अपने माथे पर

चंदन की सारी उँगलियाँ उभर आई हों, इस जोश से जुलूस में शामिल होता। 'जय-जय रामकृष्ण हारी!' कहता हुआ एक पैर आगे-पीछे करता जुलूस में तल्लीन हो जाता।

मुझे याद है, संतू की शादी। उसके भजिए का स्वाद जिन्होंने चखा था उन कद्रदान गाँववालों ने ठाठ से शादी लगाई थी। मैं भी उसकी शादी के लिए 'आँबरोली' गाँव गया था। शादी दूसरे दिन थी। हम उस गाँव पैदल दस मील चलकर रात में पहुँचे। पाटिल की हवेली में जैसा चबूतरा होता है, वैसे ही एक चबूतरे पर हमारे सोने की व्यवस्था की। बिस्तर के रूप में एक कंबल बिछाया था। रात-भर हममें से किसी को भी नींद नहीं आई। सतत बदन को कुछ काटता, मच्छर, खटमल या ऐसा ही कुछ। परंतु हमें निश्चित पता न चलता। माचिस की तीली जलाकर हम 'छापामार' पद्धति से आक्रमण करने वाले जीवों को तलाशते होते।

सुबह होते ही बिछाया कंबल उठाया। नीचे बालों की काली बिछायत की गई हमें दिखाई दी। संतू के रिश्तेदारों ने हमें नाई जहाँ सिर मूँडते हैं उस चबूतरे पर सुलाकर हमारी बिन पानी से कर डाली थी!

एक हाथ से शर्ट, बनियाइन में घुसे बालों के बाण निकालने का असफल प्रयत्न करते तो दूसरे हाथ से हम संतू के बाल पर अक्षत् डाल रहे थे, उस दिन!

हम कचहरी के सामने के मैदान में वालीबॉल खेलते। संतू केतली और कप-बशी का शृंगार लेकर कचहरी के साहब-लिपिकों को चाय का ऑर्डर पहुँचाया करता।

खेल के साथ हम खूब चीखते-चिल्लाते। वह सुनते ही संतू बेचैन हो जाता। उसका भीतर किसान मन विद्रोह करता। चाय की केतली और कप-बशी एक पत्थर की सीढ़ी पर रखकर संतू खेल के मैदान में घुसता! दूसरा कोई भी वालीबॉल को मारता तो वह स्वयं ही मार रहा है, इस कल्पना से वह अपने शरीर को झटका देता!

हमारी वालीबॉल की टीम में बापू नामक, निश्चित जगह पर बॉल 'शॉट' करने वाला एक खिलाड़ी था। खेलते समय वह मेरे कानों के पास आकर फुसफुसाया, "राजा, संतू के कप-बशी की लगोरी (टुकड़े) कैसे करता हूँ देखिए!" और बापू ने बताकर, समझाकर संतू के कप-बशी एक झटके में अचूक निशाने से उड़ा दिए!

उस दिन से बापू और संतू का संवाद लगभग तय हो गया। सीढ़ी पर रखे कप-बशी की ओर देखते हुए संतू को धौंस देता, "क्या संतबा, चाय-भजिया मुफ्त दोगे?"

और संतू हाथ फड़काकर कहता, "अरे जा! जितने कप-बशी चाहो फोड़ लो—पर हमारी टीम के लिए गेम जीते बिना न तो चाय, न तो और कुछ!" परंतु बापू के बिजली-सा खेल देखकर संतू खुश होता और उसे अकेले को सचमुच मुफ्त में चाय-भजिए देता!

दशहरे के दिन संतू बड़ी मजेदार पोशाक पहनता। सफेद लुंगी, उस पर शानदार कोट और सिर पर तुर्रेबाज साफा! उस साफे में पीले रस भरे अंकुर होते। उस पोशाक में उसे देखने पर विश्वास न होता कि संतू यह 'किसान' है!

''सोना लो! सोने की तरह रहिए। नाम के अनुरूप हो शिवबा।'' कहता हुआ संतू मेरे हाथों में कचनार के पत्ते देकर, मेरा हाथ स्नेह से दबाता।

उसकी सलाह थोड़ी सहूलियत से बड़े लाभ उठाने-सा 'नाम के अनुरूप होने' का बीड़ा उठाता! गणपत देसाई, सौ का साठ करने वाला साथी जिसे 'सेनापति' के रूप में साथ लेकर मैं 'लूट' का माल लाता। सर्वोदय केन्द्र में पाली गईं अंग्रेजी मुर्गियों के अंडे, मैं और गणपत देसाई साफ कर जाते।

उन्हें उबालकर साफ करने के लिए हमें एकांत जगह की आवश्यकता होती। तब हम संतू के होटल के चूल्हे के कमरे में जाते। जेब के अंडे संतू ने चाय के लिए जो पानी चड़ाया होता उसमें उबालते।

एक बार ऐसे ही हमने अंडे छोड़े और तुरंत ही संतू उस दप्तरे में आया! कपड़ा लेकर उसने उबलता पानी का बर्तन उठाया और चाय के बंब में डाला! मैं और 'सेनापति' गणपा एक-दूसरे को देखते रह गए!

संतू के पानी डालने के साथ अंडे भी बंब में गिरे और फूट गए। वह पानी लेकर जल्दी में वहाँ से चला गया। अंडे चोरी के होने के कारण बोलने की मनाही थी।

संतू ने उस पानी की चाय छाननी शुरू की! चाय पीने वाले ग्राहक पहली बार बोले, ''संतबा चाय में गंध है कुछ!''

संतू को भी बंब की टोंटी से दूध की मलाई की तरह लंबे-लंबे, सफेद तंतु क्यों आ रहे हैं, कुछ समझ न पड़ता! दुनिया के लोगों ने 'एग्ज करी' चखी होगी, 'एग्ज बिर्यानी' खाई होगी पर उस दिन आजरा गाँव के लोगों ने 'एग्ज टी' का अजीब मामला चखकर देखा होगा!

संतू को पान खाने की बुरी आदत थी। हर पाँच मिनट पर उसके लिए डबल चूना, तंबाकूवाला पान लगता। फिर जब ग्राहकों से बात करने की आवश्यकता पड़ती तो मुँह के पानरस से संतू के मुँह की बड़ी मज़ेदार हलचल होती। सारा मुखरस निचले होंठ का बाँध तोड़कर 'बाहर आने दीजिए' यह वाक्य वह गर्दन पीछे मोड़ते हुए ''बाबा ऑओे ज्या!'' ऐसा ही कुछ मजेदार ढंग से बोलता!

संतू कभी बीमार पड़ा हो मुझे याद नहीं। उसका कारण था। तीनों मौसम में संतू नदी किनारे ठंडे पानी से बड़े सबेरे नहाकर आता।

नाटकों में मेरा काम देखकर संतू खुश होता। एक बार उसने मुझे 'डॉ. कैलाश' नाटक में मेरा अभिनय देखकर, लिफाफे में डालकर पाँच रुपए का पुरस्कार दिया! लिफाफे पर लिखा था—''शिवबा के लिए!'' एक कोने में उसके हस्ताक्षर

थे—''संतू महादू नरके, हिन्दमाता रेस्टॉरेंट की ओर से!''

मैंने गाँव छोड़ा और संतू मेरी नजरों से अलग हो गया। बीच में एक बार गाँव गया था। जाते समय बहुत उत्सुकता से गाड़ी की दायीं ओर 'हिंदमाता रेस्टॉरेंट' के बोर्ड पर बाल बिखराई स्नेहपूर्ण स्त्री दिखाई देगी, यह सोचकर देखता रहता। मुझे निराशा हुई। 'हिन्दमाता रेस्टॉरेंट' की जगह सरकारी खाद की दुकान थी। वह खुले बालवाली स्त्री और संतू कहाँ गये होंगे, मैं सोच न पाता।

मैंने गाँव में पूछताछ की। 'हिन्दमाता रेस्टॉरेंट' की अब 'हिन्दमाता बेकरी' हो गई है! संतू ने काफी दिनों पहले गाँव छोड़ दिया है। रेवेन्यू डिपार्टमेंट में वह चपरासी बन गया है! पिछले दिनों कोल्हापुर में उससे मुलाकात हुई। खाकी कपड़ों पर लाल आड़ा पट्टा डाले हुए। वह लाल पट्टा देखते हुए मुझे लगा कि मेरे मन के संतू पर किसी ने अपना काले क्रोधी हाथों से लाल काट मार दी है!

काश्तकार कानून के नोटिस जारी करने के लिए इस्तेमाल करने वाले पीले कागज के रंगों की छाया संतू के चेहरे पर मुझे दिखाई दी। उस 'हिन्दमाता रेस्टॉरेंट' के बोर्ड पर खुले बालों वाली स्त्री ने संतू को फँसाया तो नहीं ना, ऐसी शंका मेरे मन में आई!

संतू के साथ मैं एक होटल में गया। अचानक भजिए का ऑर्डर दे बैठा। पूरे बारह वर्षों बाद के 'सुधरे हुए' भजिए हमारे सामने थे! उसे खाते हुए हमने एक-दूसरे को अर्थपूर्ण भाव से देखा! मैं अनुभव कर रहा था, ''संतू के जीवन का भजिया काल की कड़ाही में जलने तक डालकर, नियति ने अपनी अज्ञात कलछी से ठूँसा होगा!''

और वह सच सिद्ध हुआ। संतू आज अकेला है! रेवेन्यू का चपरासी! मेरी आँखों के सामने भजिए की खाली प्लेट है। मैं सोच रहा हूँ, पेट में गये ये उडपी के बेस्वाद भजिए बाहर निकालकर, प्लेट में फिर भरकर उस छोकरे को क्या ऑर्डर दिया जा सकता है—''भजिए कैंसलऽ!''

तुकारामबापू

बटेर का चटपटा शोरबा यदि चखा हो तो, कल्पना की जा सकती है कि कम-से-कम दो घंटे हाथ की मधुर, प्रेरक सुगंध नहीं जा सकती। उसी तरह कुछ लोग हमारे जीवन में आते हैं। उनकी यादें कभी नहीं जातीं।

इधर मैंने कहीं पढ़ा है कि जिन्हें सपने नहीं आते उनके स्वास्थ्य में निश्चित ही कोई दोष है, यह मनोवैज्ञानिकों ने सिद्ध कर दिया है। मैं इससे भी आगे बढ़कर कहूँगा कि जिसे चार भी अच्छी 'यादें' नहीं, उनकी पूरी उम्र एक बिगड़ा हुआ कारखाना ही समझा जाए।

यादें धार लगाने वाले पत्थर की तरह होती हैं। मन पर जंग लगने पर उसे धार दी जा सकती है। जिसे 'कुछ याद नहीं आता' ऐसा नायक कल्पना कर पचास पृष्ठों का उपन्यास खड़ा करना महाकठिन काम है। अत्रे ने आदमी की एक जोरदार व्याख्या की है, "हँसता है वह आदमी!" उसकी कुछ लंबाई बढ़ाकर सीधे कहा जाए, "प्रथम हँसते हुए याद करता है और फिर याद कर हँसता है—वह आदमी!"

मैं जिन-जिन व्यक्तियों को "पहले हँसते हुए याद करता हूँ और फिर जैसे-जैसे याद आते हैं वैसे-वैसे हँसता हूँ।" उनमें से एक—'तुकारामबापू!'

'तुकारामबापू' यह संयुक्त नाम है। परंतु मुझे वह एक ही लगता है। 'तुकाराम' यह 'अभंगों' और 'बापू' यह 'असहकार के कारण' सबको मालूम नाम है। परंतु इन दोनों की परछाईं के आसपास भी फटकने का साहस जो नहीं कर सकता वह है—'तुकारामबापू!'

ऊँची कदकाठी का, साँवले रंग का, घने-घुँघराले बालों वाला, जल्दी-जल्दी बोलने वाला, व्याकुल, बुरा लगा इसलिए नहीं—खुशी हुई इसलिए भी नहीं पर 'नेत्रदोष' के कारण आँखों से बार-बार पानी बहाने वाला 'तुकारामबापू' सारे आजरा गाँव को मालूम है।

सारी गाड़ियाँ निकल गई हैं इस कल्पना से निराश मन लिये प्लेटफॉर्म पर खड़े हों और दनदनाती हुई 'लेट' डेक्कन एक्सप्रेस आए, कुछ इसी तरह तुकारामबापू मेरे जीवन में आया है।

वैसे बापू मेरे बड़े भाई का सहपाठी। वह उसके साथ अधिक रमना चाहिए था।

परंतु 'बापूजी' ने पीछे घुमटती मेरी पुकार बड़े मन से सुनी होगी! वह मेरे साथ रमने लगा। (सच तो यह है कि बापू के 'शोरगुलपूर्ण' स्वभाव को भैया का 'शांत' स्वभाव पसंद न होगा। बाप की अफलातून कल्पनाएँ समझने के लिए मेरे जैसा स्वभाव का साथी चाहिए था!)

जब से मुझे याद आता है, बापू का एक मनचाहा काम अब भी चल रहा है। गाँव की किसी महिला की गागर कुएँ में गिरने पर उसके बच्चे सीधे तुकारामबापू के घर पहुँचने ही चाहिए। उसकी माँ को मालूम न हो इसलिए सावधान होकर पूछते—"बापू हैं?"

"नहीं रे, बापू खेत पर गया है।"

छलनी के चावल जल्दी-जल्दी साफ करती बापू की माँ तयशुदा उत्तर देती।

और तभी बापू स्वयं 'सुहाना सफर और ये मौसम हँसींऽऽ' अपना मनपसंद गीत सीटी पर गुनगुनाता जीने से नीचे बरामदे में टपकेगा!

बापू को सामने पाते ही उसकी माँ के हाथ की भारी छलनी अपने-आप हाथ से छूटकर स्टेशन पकड़ती! छलनी रोककर वह कहती, "तू है क्या रे बापू? मुझे लगा कि खेत पर गया होगा!"

छलनी चला-चलाकर सिर पर आगे आया आँचल वह हाथ के झटके से पीछे सरकाती। अब बापू घर से बाहर जाएगा, इस नापसंदी से वह अपने गुदे हुए हाथों से छलनी को यूँ ही हिलाते रहती!

बापू को सामने पाते ही बुलाने आए बच्चे प्रफुल्लित हो जाते। अपनी छापामार युक्ति भूलकर वे अचानक बोल पड़ते, "बापू माँ ने बुलाया है। गागर निकालनी है?"

"अभी आया है क्रिष्णा, किसके कुएँ में गिरा रे!" बापू सहजता से पूछता।

बापू की माँ के हाथ में सरासर सरकती छलनी अचानक रुक जाती। माथे पर हाथ मारकर वह ममतापूरित आग्रह कर कहती, "बेटा, मत जा रे। साँप-बिच्छू के कुएँ में क्यों उतरता है? आग लगे उनकी गागर को!"

बापू इसे सुनकर आगे-पीछे गर्दन हिलाकर खिलौने की गुड़िया की तरह एक-दो बार सिर हिलाता और हँसकर कहता, "नाग-वाग मिला तो लेकर ही आता हूँ। पूज उसे पंचमी के दिन!"

सैंडक की स्लीपर का बटन पैरों में कट्-से दबाकर बापू घर आए लड़कों के कंधों पर हाथ रखकर घर से बाहर जाता। बापू की माँ छलनी में अपना किसानी कलेजा डालकर बोझिल हाथों से चलाती रहती। मन की शंकाएँ-कुशंकाएँ छलनी के छेद से टपकना चाहतीं।

कुएँ पर पहुँचते ही बापू अपने कपड़े उतारकर, ठीक ढंग से मोड़कर, एक साफ पत्थर पर फूँक मारकर रख देता।

लँगोट कसा बापू देखते समय मुझे गोपीनाथ तलवलकर की 'भील का बेटा' कविता की 'तेजदार नाग-सा दिखता कोमल जीव' यह पंक्ति अवश्य याद आती।

बापू की देहकाठी ऊँची थी। शालिग्राम के काले रंगसंपन्न पत्थर की तरह बापू का शरीर धूप में चमकने लगता। अंग्रेजी के 'व्ही' अक्षर के आकार की बापू की छाती, पतली कमर से ऊपर फैलती देखते हुए मुझे बहुत कौतुक लगता।

लँगोट कसा हुआ बापू गर्दन ऊँची कर एक बार सूर्य को प्रणाम करता। कोल्हापुर के खासबाग मैदान में अपनी पहले नंबर की कुश्ती तय हुई है, इस ठाठ से दो-तीन जोरदार ताल ठोंकता! और रस्सी पकड़कर तीस-चालीस हाथ गहरे कुएँ में वह उतरने लगता। तख्तपोश से चिपकी छिपकली की तरह वह रस्सी से चिपक जाता।

अँधेरी, दमघोंटू सुरंग में बापू छोटा होता-होता, नीचे जाता। रस्सी हिलती, घबराती रहती। कुएँ के गर्भस्थान से हमें बापू की सीटी पर यह गाना सुनाई देता—'सुहाना सफर और ये मौसम हँसीऽ!!' कँटीली रस्सी को पकड़कर, अंधे कुएँ में गागर निकालने उतरे बापू का कैसा ये 'सुहाना सफर' करना है, यह उसे और उस कुएँ को ही मालूम!

बापू की हलचल से कुएँ के आले में आसरा बनाये, मासूम आँखों वाले, गुब्बारे-सी सिकुड़ती गर्दनों वाले कबूतर चौंक जाते। फड़फड़ाते हुए कुएँ के बाहर उड़ जाते। वे कुएँ के मुँहाने पर आते तो जगत के चारों ओर, बापू का पराक्रम देखने आए लड़के चौंककर पीछे हट जाते!

एक बार बापू ने 'इस गागर उद्धार' में मुझे संकट में डाल दिया था। वह हमेशा की तरह कुएँ के तल में उतरा। मैं गागर खींचने के लिए किनारे खड़ा था। रस्सी को हिलाकर उसने इशारा किया। मैं सरासर रस्सी खींचने लगा। गागर जगत तक आ गई। उसे बाहर लाने के लिए मैंने हाथ बढ़ाया। फड़फड़ाता हुआ एक कबूतर गागर से बाहर आया और चक्कर लगाता हुआ उड़ गया! चौंककर पीछे हुए मैंने रहट की लकड़ी छोड़ दी। तीर की तरह, वजनदार गागर कुएँ के भीतर गोता लगाती चली गई। रहट की हथडंडियाँ गर्र से उल्टे घूमने लगीं। मेरा कलेजा काँप गया। यह गागर कुएँ के भीतर उतरे बापू के सिर से टकरायेगी। असहाय होकर मैं अजीब-सा चिल्लाया, "बापूऽ गागर छूट गईऽऽ!"

कुएँ की सतह में पानी पर टकरायी गागर की 'धप्प!' आवाज आई। उसके पीछे बापू की शरारती सीटी उभरी! वह महा उस्ताद प्राणि था। गागर छोड़ते ही वह नीचे कोने में एक सुरक्षित स्थान में बैठा था। एक और कबूतर कुएँ से ऊपर उड़ता गया! बापू ने गागर में दो कबूतर ठूँसे थे। एक तो चालाकी से उड़ गया था—परंतु दूसरा गिरती हुए गागर के साथ वैसे ही नीचे गया था!!

बापू की राशि थी—कर्क, मीन में से एक रही होगी। पानीदार बापू को पानी

का आकर्षण और शौक था, इसमें आश्चर्य की कोई बात नहीं थी।

बारहों महीने बापू स्नान के लिए नदी पर जाता। गर्मी-सर्दी की को बात न थी परन्तु आजरा की मूसलाधार बारिश के मौसम में भी बापू का नदी-स्नान न चूकता।

बरसात में हिरण्यकेशी नदी अपने पाट तोड़कर आसपास के खेतों में घुस जाती। तेज गति और मचलते लाल पानी को लेकर वह बेकाबू बहती। उसके किनारे खड़े रहकर उसका रुद्रमंगल रूप देखते हुए एक डरयुक्त आदर की भावना मन में उभरती।

हिरण्यकेशी पर 'विक्टोरिया' नामक ब्रिटिशकाल का एक भव्य पत्थर का पुल है। बरसात में नदी फूटने पर सारे गाँव भर बापू का 'जलतरण' का कार्यक्रम कानों कान पहुँचते हुए घोषित हो जाता।

''बापू नदी फोड़ेगा'' यह बात गाँव-भर में फैल जाती।

लँगोट कसा हुआ बापू, टैबर नदी के किनारे खड़ा होरॅशस के ठाठ में विक्टोरिया पुल के पथरीले रेलिंग पर खड़ा होता। नदी के किनारे पुल की रेलिंग के चारों ओर पराक्रम-लोभी लड़के बापू का 'जल-प्रताप' देखने के लिए अपने कोमल मन में उत्सुकता, डर, बापू के प्रति आदर दबाए भीड़ करते होते।

दनादन ताल ठोंककर, फेनिल-भरी, गरजती लाल सुर्ख नदी को बापू प्रणाम करता।

''जय बजरंग बलीऽ!'' इस तरह घोषणा देकर, बापू का सेमल की डाल की तरह चपल शरीर पुल की रेलिंग से उछलता। खंडया जलपक्षी की तरह, बापू का अधोमुखी शरीर का तीर हिरण्यकेशी के पाट में घुस जाता।

तेज गति से दौड़ने वाला, लहरों के भँवर तोड़ने वाला, दूर तक फैले पानी की चादर की ओट में बापू का 'खंडया जलपक्षी' गायब हो जाता। 'पानी शूर' देखने आए बच्चों का हृदय धड़कने लगता। बापू को ढूँढ़ने के लिए सबकी आँखें हिरण्यकेशी का दौड़ता 'पानीपरदा' कोने-कोने तक छान मारतीं!

सिर के बल पानी में प्रवेश लेने के स्थान से पचास हाथ दूर बापू का सिर नारियल के आकार का पानी के बाहर आता। तुकाराम महाराज की 'गाथा' इंद्रायणी ने उबारी थी यह हम सुनते आए थे परंतु साक्षात् 'तुकाराम महाराज' ही हिरण्यकेशी द्वारा उबार लेने की घटना हम प्रत्यक्ष देख रहे थे।

लहरों के साथ बहते हुए बापू का सिर दिखते ही किनारे के दर्शकगण 'नदी फोड़ने' की खुशी में तालियाँ बजाने लगते। यह सब देखकर पीठ के बल तैरता हुआ बापू एक हाथ ऊँचा करवह, चर्चिल के ठाठ में पानी में से ही हिलाता! पहाड़ी लाल मिट्टी के भँवर को किसी मस्त साँड की तरह रोमांचक आह्वान चिल्ला-चिल्लाकर देता। तेज गति से हाथ चलाता वह जलसर्प की तरह हिरण्यकेशी पर सवार होता! 'तेज बाग'-सा दिखने वाला बापू और हवा से बातें करने वाली हिरण्यकेशी की स्पर्धा शुरू होती।

उसके दूर जाते आक्रामक, खुले काँधो की ओर गड़ी नज़रों से देखते हुए मेरी आँखों के सामने बापू की भोली माँ आ खड़ी होती। उसके शब्द याद आते, ''बेटे मत जा रे! साँप-बिच्छू, काँटे-कीड़ो में कहाँ जाता है? आग लगे उनके मुँह में!''

बापू की माँ अब इस नदी किनारे आती तो? इस विचार से मैं थर्रा उठता। यदि वह आ भी गई तो हिरण्यकेशी के दोनों तट अपने गुदे हाथों में लेकर उसे तेजी से छानकर वह बापू को सही-सलामत किनारे तक ले आएगी!! माथे पर आगे खिसक आए आँचल को कानों तक पीछे सरकाती उसे कहेगी, ''बेटे, तुझे कब बुद्धि आएगी?''

और बापू अपनी गर्दन आगे-पीछे झुलाते हँसते हुए उससे कहेगा—''अरी बुद्धि पानी में कहीं खो गई सुना, इसलिए उसी को खोज रहा था!'' ये ही विचार मेरे मन में आते।

सच नहीं लगेगा, लेकिन बापू अंग्रेजी लेकर मैट्रिक हुआ था! कभी कोई वैसा 'मेहमान' मिलता तो बापू तयशुदा साँचे से परे शुद्ध अंग्रेजी वाक्य फेंकता। हमेशा की बात में 'किसानी ठाठबाठ' से बोलता।

मटर के मौसम में 'मटर चोर' टोली का बापू निर्विरोध 'अध्यक्ष' होता! ठंड के मौसम में, कोहरे के दिनों में गाँव के बाहर मटर की बेल भरी-भरी, हरी, रसयुक्त दानों की फल्लियों से लद जातीं। हमारी 'तैयार' नज़र नदी में स्नान के लिए जाते समय 'माल' उड़ाने के लिए मशहूर, अपनी 'जगह' तय कर लेती।

मुखिया 'बापू' सूत्र बुद्धिमानी से संचालित करता। किस खेत में पहरेदार की झोंपड़ी खड़ी हो गई है, पहरेदार उस झोंपड़ी में कब आता है, यह सब पता लगाकर रहता।

चाँदनी रात में हमारी 'मटर मुहिम' शुरू होती! बाड़ की तंग जगह से 'तुकाराम और बापू' इन दोनों नामों की छुट्टी कर हमारा नेता खेत में पहुँचता! पीछे-पीछे हमारी पलटन मैदान में उतरती!

किसी भी पल हमारी गर्दन पर कोई काले, रोंगटेयुक्त, गुसैल हाथ का पंजा पड़ेगा, इस डर से ऊपर-नीचे होते हुए बेल उखाड़ते। मद्धिम चाँदनी में बेल काँख में दबाए हम हिरण्यकेशी के पथरीले घाट पर आते।

शांत बहने वाले हिरण्यकेशी के पाट घनी चाँदनी पगुराते होते। उसकी ओर देखते हुए हम मटर के हरे, मोतीदार, रसीले दाने चबाने लगते। बापू के सामने के दाँतों ने एक-दूसरे का सहवास स्वीकार करने में असहयोग घोषित किया होगा! उसके दाँतों में दिखने जितना अंतर दो दाँतों के बीच था। उस अंतर के कारण बापू के लिए फटाफट मटर खाना संभव नहीं था।

हम अपना माल साफ कर बापू के पास पहुँचते, ''ऐसा है बापू, तेरे जैसी आगे बढ़ने की हिम्मत क़िसी में नहीं।'' ऐसा कहते हुए हमारे धूर्त हाथ उसकी बेल तक

चुपचाप पहुँच जाते। बापू जी खोलकर बोलता रहता। हम 'हाँ, हूँ' कहते हुए हरे छिलके निकालकर मटर गटक रहे थे। काफी देर बाद 'मामला' बापू के ध्यान में आता।

"वाह रे मेरे शेरो, सेर को सवा सेर हो गए भई!" कहते हुए बापू बेल के साथ अचानक उठता। जल्दी सीढ़ियाँ उतरकर सामने के पाट तक जाता, "गंगे हँ भागिर्थी!" कहते हुए हाथ की बेल नदी में फेंक देता!!

छरहरी देहकाठी का बापू शिवजयंती को आयोजित नाटक में खान की भूमिका करता! अपना दुबलापन ढाँकने के लिए वह कंधे से झूलती हुई हरी खोल जादूगर की तरह पहनकर स्टेज पर आता। सामने के दाँतों में काफी अंतर होने के कारण बापू के संवाद दर्शकों को समझ न पड़ते।

"मंजिल-दर-मंजिल आगे बढ़ते हुए हम राजमाची तक तो आ पहुँचे राणोजी!" इतना लंबा वाक्य बापू के उच्चारण के कारण दर्शकों के गले उतरना संभव नहीं था। फिर बापू भेड़ चरवाहों-सी जी-तोड़ मेहतन कर, गैसबत्ती के नीचे से दर्शकों के पीछे नज़र फेंककर, कितनी दूरी काटकर आया हूँ, यह एक्शन से समझाता! मैं 'खान' हूँ, यह दर्शकों के मन से कभी न जाए इसके लिए गोंद से चिपकाई दाढ़ी पर शान से हाथ फेरता! अन्य पात्रों के संवाद शुरू रहते में भी बापू का 'दाढ़ी अभिनय' जारी रहता।

जिस प्रकार बापू गहरे कुएँ में गहरे उतरता, वैसे ही किसी के शादी-ब्याह का मंडप खड़ा करने के लिए खंभों पर ऊपर भी चढ़ जाता। स्वयं मंडप के नीचे से गुजरने के पहले अर्थात् विवाहित होने से पहले बापू कई लोगों के मंडपों पर गया था!

हाथ में नारियल की रस्सी का गुच्छा लेकर मोटे बाँस के खंभे पर बापू चपलता से बंदर की तरह चढ़ता। चारों ओर से खंभों को रस्सी से बाँधकर लकड़ियों से जोड़कर चौक तैयार करता। मंडप पर चारों ओर तालपत्री फैलाता।

एक बार ऐसे ही एक विवाह मंडप पर बापू चढ़ा। वह गंडप गोवा-बम्बई के मुख्य रास्ते पर था। बापू सीटी बजाता, रस्सी को ऐंठता, लकड़ी-बाँस को एक-एक कर गूँथता हुआ जा रहा था। दो खंभों के बीच आड़े बाँस के ठीक बीच वह आया और कुछ मालूम होने से पहले ही 'कड़कड़' आवाज के साथ बाँस पिचक गया! फट् से वह बाँस धसक गया। लकड़ियाँ और बाँस का एक झूलता पुल बन गया! बापू बुरी तरह फँस गया! वह इतनी ऊँचाई से कूद भी न सकता और मंडप के दोनों खड़े खंभों तक वह जा भी नहीं सकता। इतने में गोवा की दिशा में 'घुंऽऽ' करता पूरा लदा भारी भरकम ट्रक आया।

सबके चेहरों पर हवाइयाँ उड़ने लगीं। ट्रक ड्राइवर को यदि टूटा हुआ मंडप और बापू दिखाई नहीं दिया तो ट्रक उस टूटे बाँस के साथ बापू और पूरे मंडप को ले जाएगा!

"बापू, कूद जा!" नीचे के लोग बेचैनी में चिल्लाए। इतने में तेज गति से जाने

वाला ट्रक मंडप के बिल्कुल करीब आ गया। बापू ने ट्रक के काँच से दिखने वाले ड्राइवर की ओर देखकर एक हाथ नचाया और दूसरे हाथ की उँगली से जोरदार कर्कश सीटी बजाई। चौंककर ड्राइवर ने संकटकालीन ब्रेक दबाए। चक्के सड़क से चिपक गए। बिल्कुल बाँस से सटकर ट्रक खड़ा हो गया।

फटाक् से ट्रक की टप पर उतरकर बापू पिछले छोर से नीचे उतरकर दोनों हाथ ऊपर कर बोला, ''हाँ, जांदे थर्ड में!''

अपने केबिन से नीचे उतरकर ट्रक ड्राइवर मंडप की ओर देखते ही काँप गया। उसे वहाँ बापू दिखाई नहीं दिया! क्या चमत्कार हो गया, बेचारे को कुछ समझ न पड़ता।

''कहाँ गया वो बंदर! नीचे तो नहीं आ गया!'' तंग आकर वह बोला।

''नीचे नहीं पीछे है।'' कहता हुआ बापू उसके पीछे शरारती हँसी बिखेरता खड़ा था।

''धत् तेरे की! साली हमारी जान उड़ गई।'' ड्राइवर ऊपर से नीचे तक बापू को देखता हुआ उसके जीवित होने का विश्वास पाता बोला।

बापू के कास्तकार घर में दशहरा का त्योहार बहुत धूमधाम से मनाया जाता। हर साल एक बकरा गिरता। फिर बापू मटन के भोजन का निमंत्रण देता फिरता। मुझे भी निमंत्रण आता।

बापू के तात्या अर्थात् पिता, महाकाहिल व्यक्ति थे। दशहरे के बकरे के झोल में काफी त्रिफलाचूर्ण डालते। इसके कारण पहले कौर में झोल चरपरा लगता। उस समय तात्या पंगत में हँसते-हँसते घूमते हुए एक-एक को पूछते, ''हाँ, कैसा बना है झोल लक्सू तात्या?''

खाने वाले कितने ही लोग गर्दन हिलाकर कहते, ''जोरदार बना है तात्या—तीखा और मसालेदार।''

और पाँच ही मिनट में पंगत से खाने की अलग-अलग आवाजें उठने लगतीं। नाक से बहते पानी को ऊपर खींचते हुए नाक में दम होने लगा। जली हुई जीभ के कारण तुरंत पानी माँगने की स्थिति न रहती। ''हाऽहू।'' करता वह कुछ बोलने के लिए परोसने वाले को हाथों से ही बुलाता। उधर पंगत पर नज़र रखने वाले तात्या खाने वाले को आग्रह करते और परोसने वाले को कहते, ''अरे डाल झोल डाल, लक्सू तात्या को।'' पानी के लिए उतावले व्यक्तियों के पत्तल में फिर झोल परोसा जाता।

ऐसे समय बापू तुरंत घर में जाकर मेरे लिए गिलास भर पानी लेकर आता। मेरे पास रखकर धीरे से फुसफुसाता ''यह झोल रहने दे, दूसरा लाता हूँ।'' और पंगत में किसी को पता न चल पाए इतनी सावधानी से मेरे लिए मुर्गी का झोल और भरपूर मटन परोसकर सीटी बजाता, ''दाने-दाने पर लिखा है—खाने वाले का नाम!'' और आँखें मटकाता भीतर निकल जाता।

बापू मैट्रिक की परीक्षा पास हुआ और उसके तात्या ने हाजगोली गाँव में अपनी खास खेती की देखभाल करने के लिए उसे भेजा। हाजगोली आजरा गाँव से दो-तीन मील पर है। रोज बापू सुबह हाजगोली जाता। शाम को आजरा लौट आता।

किसी सहपाठी से मुलाकात होने पर उसे पूछता, ''क्यों बापू किस कॉलेज में हो अब ?''

बापू हँसते हुए उसे जवाब देता, ''हम सह-एग्रीकल्चर कॉलेज में...हाजगोली के।''

मैं गाँव छोड़कर कोल्हापुर आया। और बापू से नियमित मुलाकातें टूट गईं। होमगार्ड में भर्ती हो जाने के कारण कैम्प के निमित्त बापू कभी-कभी कोल्हापुर आता है। उसके साथ चाय पीते हुए सारी पुरानी यादें ताजा हो जाती हैं।

चाय का बिल देने के लिए जल्दी में मैं आगे बढ़ता हूँ तो मेरी बाँह जोर से पकड़कर बापू अपनी ग्रामीण और खुले दिल की बात से टोकता है, ''मालूम है, बड़ाऽ लेखक बन गया है···तू! किताबों के पैसे बज रहे हैं क्या ? रखो उन्हें दीवालिए बैंक में।''

उसे सुनते हुए, मैं चुपचाप बैठ जाता हूँ। बापू को मेरी 'स्थिति' मालूम नहीं थी।

अब बापू की शादी हो गई है। उसे बच्चे हैं। उसके मुँह में अनजाने ही 'नये युग' की गंभीर भाषा घुस गई है। परंतु उसकी सीटी की धुन बजाने की आदत वैसी ही है।

प्रत्यक्ष अटल बिहारी बाजपेयी को पुराना बापू सुनाया तो सच नहीं लगेगा—परंतु, परंतु बापू आज तालुका जनसंघ का अध्यक्ष है!!

मटर की बेल चुराने वाला, ऐतिहासिक नाटक में खान की भूमिका करने वाला, मंडप पर चढ़ने वाला बापू जब ''विभाजन, निर्वासित, पूर्व बंगाल, निष्क्रिय सरकार'' जैसे शब्द का उच्चारण करता है तब मुझे बड़ी हँसी आती है।

उसे चिढ़ाने के लिए मैं कहता हूँ, ''बापू दीया का राज आने वाला नहीं है हँऽ!''

और ज्यों उसके दल के विरोधी सभी दलों का मैं अध्यक्ष हूँ, इस कल्पना से वह मुझे घूरकर देखता है।

''तुम लोगों ने, तुमने किया है रे इस देश का सत्यानास!'' कहता हुआ मेरी पीठ पर एक सनसनाता तमाचा जड़ देता है।

मुझे बापू की माँ के शब्द याद आते हैं, ''बेटा, क्यों जाता है साँप-बिच्छू, कीड़े-काँटों में। आग लगे उनकी गागर में!''

मैं बापू को बेचैन होकर कहना चाहता हूँ, ''बापू क्यों जाते हो राजनीति में? वहाँ साँप-बिच्छुओं का ढेर है! आग लगने दे उनकी राजनीति में!'' पर मैं कुछ नहीं बोल पाता! सचमुच मैं कुछ नहीं बोल सकता!! सिर्फ लगता है—''बापू की माँ एक

बहुत बड़ी छलनी अपने गुदे हुए हाथों से उठाए। उस छलनी में इस देश के तमाम लोगों को डालकर छलनी जोरदार ढंग से हिलाए। ऊपर सब राजनीतिक लोगों का भूसा रह जाएगा। ''आग लगे इनके मुँह में!'' कहते हुए उन्हें सीधे हिन्द महासागर में फेंक दे!! उस विशाल छलनी में बापू के इर्द-गिर्द फैला राजनीति का सारा केंचुल अटक जाए। एक छोटे से छेद से पुराना सीधा-सादा बापू नीचे टपक जाए। और मैं उसका हाथ पकड़कर कोहरे में डूबे हुए, ओस में भींगे हुए खेतों की ओर घनी चाँदनी माथे पर ओढ़कर निकल जाऊँ—आज और अभी सीधे मटर की रसभरी बेल चुराने के लिए!!''

तातू

मेरे गाँव के लिए अलग से अहीरों की बस्ती नहीं है। गाँव में अहीरों के चार-पाँच घर हैं। उनमें से दो-तीन घर मेरे घर के पास हैं। इस कारण 'पड़ोसी' के रूप में अहीरों की भिन्न जीवन-पद्धति मैं देख सका। अहीरों की पत्नियाँ सिंदूर की आड़ी उँगलियाँ माथे पर लगाती हैं। जानवरों की देखभाल करनी होती इसलिए उनकी मोटी दस गजी साड़ी का काछ हमेशा कसा हुआ होता। आभूषणों का उन्हें बेहद आकर्षण होता है। अहीरों के घरों को अनजाने ही 'परिपूर्णता' प्राप्त होती है।

विश्वास नहीं होगा—पर गाय-भैंसों के मल-मूत्र लेकर एक अजीब-सी 'संपन्नता' अहीरों के घरों में निवास करती है। गोशाला में गूँजते घंटानाद से वन और नागरी मिश्रण का एक आकर्षक संगीत उन घरों से जुड़ा होता है। हरे, रसवान—चारे की, पशु खाद्य की और धाराओं में उतरते ताजे दूध की गंध एक-दूसरे में घुलकर अहीरों के घर में फैल जाती है। अहीर—घर, खेत और गाँव में रमता है।

कहने भर के लिए मेरे घर के पास एक ही ग्वालिन मैंने ऐसी देखी कि जो 'ग्वालिन' तो लगती ही थी, परंतु, उससे अधिक भी उसमें ऐसा कुछ निश्चित ही था, गाँव वाले उसे 'तातू' कहते।

'तातू' यह स्त्री का किस प्रकार का नाम है, मुझे नहीं मालूम। मेरा अनुमान ही है कि उसके पति को 'तात्या' कहते होंगे और इसी आधार पर उसका 'तातू' नाम हो गया होगा।

तातू के गले में कौन-सी फाँसी की रस्सी लगी है, यह उसके माथे को देखकर कोई भी जान सकता था। उसके माथे पर सिंदूर की आड़ी लकीरें मुझे कभी दिखाई नहीं दीं। तातू मन में किस जीवन शक्ति की डोर लेकर जी रही है, यह मुझे समझ नहीं पड़ा—आज भी।

लगभग बीस वर्ष हो गए। अहीरों के खेतों की ओर जाने वाली, कभी न बदलने वाली पगडंडियों-सी तातू वैसी की वैसी ही है। पथरीले काले रंग की, सीधी उभार वाली नाक और बड़ी-बड़ी आँखों वाली। कुछ न बोलने वाली, विधवा। उसके माथे पर, कभी पहले, गुदे हुए हरे निशान समझ में नहीं आए। पिछले बीस वर्षों से तातू, अपनी पंद्रह-बीस भैंसों के झुंड में एक बुजुर्ग, समझदार भैंस जैसी ही जी रही

है—अकेली! भैंसें बदलती रही हैं। पुरानी गईं और नई आ गई हैं। तातू नहीं बदली। वह पुरानी नहीं हुई। नई होने की उसकी इच्छा ही नहीं हुई।

कैसे गुजर गया, किस कारण गया, कौन था और कैसा था, यह सब तातू के पति के बारे में मुझे कुछ भी नहीं मालूम। परंतु कुछ असाधारण घटित होने के कारण ही वह गया होगा। क्योंकि उस समय तातू ने अपने चेहरे पर जो एक विशिष्ट भावना की ओढ़नी रखी है वह आज भी नहीं बदली।

तातू मुँह लटकाए नहीं रहती—तातू हँसमुख भी नहीं है। 'व्हेन दे ब्रॉट हर वॉरिअर डेड'। इस अंग्रेजी कविता में उभरकर आई नायिका-सी तातू भीतर से जड़वत् है। एक नहीं—पूरे बीस साल!

उसके घर में एक भी पुरुष नहीं। आँचल में संतान नहीं। बहुत बड़े अहीर के घर में पंद्रह-बीस भैंसों के साथ तातू रहती है।

तातू के घर के सामने मलिक का कुआँ है। गर्मी हो, बरसात हो, सर्दी हो, रात बारह के आगे तातू एक गागर काँख में और एक हाथ में लेकर उस कुएँ पर आती है। चालीस-पचास गागर पानी वह अकेली भरती है। अपने अपनों के लिए—भैंसों के लिए!

कभी-कभी सिनेमा देखकर लौटते समय मैंने तातू को कुएँ पर पानी भरते हुए देखा है। एक बार तो मुझे लगा, तातू श्रवणकुमार-सी है। कोई अपना प्यासा है, इस शीघ्रता से जल्दी-जल्दी पानी की गागर ढोकर ले जाती।

तातू ने उसी बीच 'जानू' नामक अहीर का एक लड़का गोद लिया था। परंतु उसका खून हो गया और तातू ने मन में गाँठ बाँध ली—मनुष्य से अपना नाता अब जुड़ने वाला नहीं है। फिर वह भैंसों के अधिक करीब चली गई।

कभी-कभी मेरे मन में विचार आता है—तातू अकेली है यह जानकर कोई चोर उसके घर में घुस गया तो! तब वह गाँठ की सारी संपत्ति उसके हवाले करती हाथ जोड़कर कहेगी, "मेरी भैंसों को हाथ न लगा, जा बाबा।" और वह पुलिस चौकी न जाकर मलिक के कुएँ पर गागर लेकर जाएगी।

शाम के समय जामुन माँगने कोई आए तो उसे नहीं दिया जाता। कभी भूला-भटका कोई ऐसे समय तातू के पास आता तो भी वह "नहीं है" ऐसा न कहती। नया रास्ता निकालती।

"ये बर्तन यहाँ रख दे और माँ से दूध लाकर यहाँ रख दे।" कहते हुए वह उस लड़की को उसके घर दौड़ाती। माँ अपनी बेटी के साथ जो दूध भेजती उसे अपने घर जमाती।

दूसरे दिन बर्फ-सा जमा दही का बर्तन उस स्त्री के घर तातू पहुँचा आती। उस स्त्री को कभी समझ में न आता कि दिए दूध की तुलना में दही अधिक कैसे है। तातू उसके दूध में और एक माप झागदार शुद्ध दूध मिलाती थी।

भैंसों की देखभाल सारी ग्वालिनें करती हैं। वह उनका दिल-बहलाव ही होता है। परंतु हाथ में चमकदार तेजधार का उस्तरा लेकर, ठंड के दिनों में कच्ची धूप में अपनी भैंसों को मूँडने वाली ग्वालिन तातू के अलावा दूसरी मैंने आज तक नहीं देखी। इस प्रकार मुँडी हुई, काली, शालिग्रामी पीठ की भैंसों पर मक्खियाँ न बैठें इसलिए मीठे तेल की उँगलियाँ फिराने वाली तातू देखने के बाद मुझे लगता, ''सचमुच तातू सयानी होती लड़कियों के बाल सँवारती इस गरम कच्ची धूप में तो नहीं बैठी है?''

चैत्र प्रतिपदा को गाँव में भैंसों की स्पर्धा होती। सभी अहीर फूलों की माला से शृंगार किए हुए, सींगों को रंगकर अपनी चुनी हुई चतुर भैंसें दौड़ की स्पर्धा की जगह लेकर आते। तातू की एक-दो भैंसें ही इस रोमांचक दौड़ में शामिल होतीं।

किसी लड़के की मदद से तातू अपनी भैंसें लेकर स्पर्धा के, राख के पट्टे से बनाए स्थान पर आँचल खोंसकर खड़ी रहती। उसका उजाड़, जनानी माथा मूँछधारी, अकड़ू अहीरों को आह्वान देता दिखाई देता। भैंसों के गले की रस्सी ठीक ढंग से खींचते हुए, दौड़ के लिए उतावली, फुफकारने वाली अपनी भैंसों को तातू विचित्र भाषा में पुचकारकर संतुलित करती।

लाल, गोल पगड़ी बाँधे, सबसे बुजुर्ग पुंडलिक गवली 'पंच' के रूप में राख की पट्टी के पास खड़ा रहता। पट्टी के आगे उतावली करती भैंसों को पीछे लेने के लिए अहीरों को डाँटता, ''मूर्खो, लकीरों के पीछे रखो भैंसों को। उस तातू को देखो, रेस भर तो आगे जाने देती है क्या अपनी भैंस!''

किसी तरह दस-बारह बड़ी-चौड़ी भैंसें पट्टी के पीछे जातीं। पुंडलिक गवली अपने दायें हाथ की घुँघरू जड़ी गवली लाठी पगड़ी से ऊपर उठाकर दौड़ने वाले जानवरों पर एक सरसरी निगाह दौड़ाता। अपने सफेद-फक्क कानकल्ले हिलाता, हाथ की गवली लाठी के घुँघरू नचाकर लाठी एक झटके से नीचे पटकते हुए चिल्लाता—''गोपाल किसना झा ऽऽ!''

आँधी-झक्कड़ के काले बादल जैसे गरजते हैं, ठीक उसी तरह भैंसे रँभाते हुए, चारों पैर एक साथ उछलते हुए, मुँह की झाग से तारे बिखेरते हुए सरपट दौड़ने लगतीं।

तातू का नौसिखिया मददगार लड़का तातू की भैंसों के आगे काले कंबल का 'बुल-फाइटर्स' झुलाने-सा परदा झुलाता। ''हाऽ... रणभीरऽ हाऽ बिजली'' भैंसों के नाम पुकारता हुआ दौड़ने लगता। धूल के गुबार उड़ने लगते।

स्पर्धा देखने के लिए उमड़ा गाँव पागलों-सा भैंसों के साथ दौड़ता। बेकाबू हुए लड़के एक-दूसरे में उलझकर गिर पड़ते। आम की, पीपल की फुनगी पर उभरी कोंपलें नाचने लगतीं।

पल-भर में राख का पट्टा गायब हो जाता। ससुराल जाने वाली अपनी बेटी को

निहारने-सी तातू दूर दौड़ती अपनी भैंसों को देखती। चिंता के भाव उसकी आँखों में उभर आते।

''तेरी रणभीर बाजी मार ले जाएगी तातू! क्यों परेशान होती है ?'' पुंडलिक गवली तातू की ओर देखता कहता।

''नाही पुंडया दादा, ऐसी कोई बात नहीं भई। परंतु वह मल्या भी है दौड़ में। काँटा-वाँटा घुसेड़ देगा रणभीर के खुरों में, भुड़वा!'' तातू मन की चिंता उगल देती।

गाँवदेवता खलनाथ के मंदिर को चक्कर लगाकर स्पर्धा की भैंसें लौटतीं। हवा से बातें करतीं, सब भैंसों से दस हाथ आगे अपनी 'रणभीर' को दौड़ते देखकर तातू का गुदा, हरा माथा खिल उठता। आँखें चमक उठतीं। खोंसा हुआ आँचल अनायास ही वह फिर खोंसती।

आगे दौड़ती जवान रणभीर के गले की रस्सी हाथ से पकड़कर तातू उसी तरह पल-भर दौड़ती। लोहार की धौंकनी की तरह रणभीर का पसीने से लथपथ भारी शरीर नीचे-ऊपर होता। उसके मुँह से अपने गाल मलते हुए तातू भावुक हो जाती। रणभीर के होंठों की झाग के तारे तातू के गालों से लिपट जाते।

वह दृश्य देखते हुए मुझे अनायास ही लगता, ''रणभीर को, आगे बढ़कर लानेवाली तातू यह एक भैंस ही है। उसके गले में सैकड़ों घुँघरू बँधे हैं। वे फुसफुसा रहे हैं—''मेरी बेटीऽ, थक गई नऽ !''

स्पर्धा जीतने पर सम्मान स्वरूप कोसे की पगड़ी होती। अहीर उसे बदलकर साड़ी देने के लिए तातू को तैयार न होते। तब विधवा होते हुए, स्त्री होते हुए पुंडलिक अहीर से तातू कोसे की पगड़ी मोड़कर काँधों पर रख लेती। रणभीर के गले की रस्सी खींचती तारारानी के ठाठ में अपने घर की ओर चल पड़ती।

उस दिन काफी देर तक तातू की गोशाला की लालटेन जलती रहती। ''किस भाषा में और कैसे तातू अपनी रणभीर के साथ बतियाती होगी ?'' इसका अनुमान लगाते हुए मैं परेशान हो उठता।

एक दिन तातू ने देखा कि बालवाड़ी के बच्चे पावडर का दूध पीते हैं। कभी किसी ऑफिस में न गई तातू बालवाड़ी की प्रधान अध्यापिका के कमरे में गई। नीची निगाहें किये हकलाते हुए बोली, ''गुरुवाईन, बच्चे बनावटी दूध पीते हैं। मेरे पास एक-एक को रोज भेज दीजिए। उन्हें मैं शुद्ध दूध पिलाऊँगी।''

बालवाड़ी का बच्चा खड़ा रहकर दूध पीता होता तो तातू उसे स्नेहपूर्वक कहती, ''अरे, गोरस है यह, खड़े-खड़े नहीं पीना चाहिए। नीचे बैठ।''

मुझे याद नहीं पड़ता कि तातू ने कभी चप्पल पहनी हो। वह धरती की तरह ही नंगे पैर और सहनशील भी। आशा टूट जाने पर भी घूमती रहने वाली। स्वच्छ माँजे हुए चमकते पीतल के बर्तनों में तातू रोज सुबह जब घर-घर दूध देने बाहर जाती तब लगता कि उसके प्रत्येक बर्तन में एक-एक चमकता सूर्य ही उसने भरा हो।

पिछले चुनाव में एक दल का प्रचारक तातू के ग्वालन-घर में वोट की आशा में घुसा। वह क्यों आया है, यह जानने से पहले ही वह बोली, ''दूध नहीं है बाबा बाकी!''

''दूध नहीं, वोट देने चलो।'' प्रचारक बोला।

''हमें क्या आवारा समझ रखा है...?'' कहते हुए तातू उस पर गुस्सैल भैंस की तरह टूट पड़ी। कुछ समझाने से पहले ही उसने उसे दरवाजे से बाहर ढकेलकर दरवाजा ही लगा दिया।

उस कार्यकर्ता ने 'वोट' का अर्थ बताया होता, तब भी वह क़हती, ''घोड़ा, हाथी, बैल को देने के बजाय मैं अपना 'वोट' अपनी भैंस को दूँगी।''

तातू के पास बचायी हुई काफी संपत्ति होगी। उसे लेने किसी अहीर का चतुर लड़का उसके पास लाड़ में संपर्क करता। तातू दत्तक ले लगी इस अंदाज से वह उसके आगे-पीछे घूमता। तातू उसके मन की बात जानकर अपने मन लायक मेहनत करवा लेती। मौका देखकर एक दिन अपनी पुरानी संदूक उसके सामने खोलकर पुराने कपड़े एक के बाद एक फेंकते हुए उसे फटकारती, ''अरे, कुछ नहीं मेरे पास। क्यों लालच लिये बैठा है!'' भैंस की भींगी पूँछ की जोरदार मुँह पर मार लगने-सा लड़का तिलमिलाता। गाँव-भर में बकता-फिरता, ''अरे, कहने के लिए इतनी भैंस पालती है, पर हाथ से पैसा नहीं छूटता बेवा के!''

तातू को मालूम है, आसपास के अहीर उसके बैरी हैं। केवल भैंसें ही दोस्त हैं। यह दोस्ती इतनी गहरी है कि भैसों की भाषा तातू तत्काल जान जाती है। एक बार उसकी सयानी, पहले प्रसव के समय एक गुणवान भैंस को जंगल में चरते समय साँप पकड़ लिया। वह साँप विचित्र जाति का होता है। जानवरों के पिछले दोनों पैर अपने बलशाली पाश में जकड़कर उसे एक जगह पर खड़े रहने पर मजबूर कर देता है। फिर थन को डँसकर दूध पीता है। ऐसा साँप डँसने पर भैंस के स्तनकोष में एक अजीब-सा परिवर्तन दिखाई देता है। सारे रक्त की गाँठें बनने लगती हैं। थन भर जाते हैं, पर रक्त की गाँठों से। गाँठें नीचे नहीं गिरतीं और चेहरे पर दयनीयता लिये जानवर कराहता रहता है।

तातू ने अपनी भैंस इस प्रकार कराहती देखी। हर तरह का दवा-पानी उसने स्वयं किया। कुछ उपयोग न होता। बिना पूछे ही पास-पड़ोस ने सलाह देना शुरू कर दिया, ''तातू, अब वह भैंस कसाई को बेच दे।''

तातू ने भैंस बेची नहीं। बहुत पीड़ा झेलते हुए उस भैंस ने तातू की गोशाला में, अपनी मालकिन को ओर देखते हुए आँखें मूँद लीं हमेशा के लिए। तातू अपने पति के मरने के बाद भी जितना नहीं रोयी होगी, उतना उस दिन इस भैंस के लिए रोयी। सारा गाँव तातू के घर के सामने इकट्ठा हो गया।

तातू की सांत्वना के लिए कोई कुछ कहे, ऐसी स्थिति वह नहीं थी। दस-बारह

हट्टे-कट्टे लोग उस भैंस को बाहर निकालने के लिए आगे बढ़े। उस भैंस के पिछले पैर में साँप ने पाश कसा था, उसके गहरे निशान थे। उस निशान की ओर इशारा करती हुई, किसी का भी कलेजा पसीज जाए ऐसी भारी आवाज में तातू भर्रायी आवाज में बोली, ''देखिए, मेरी बेटी के गले में कैसी फाँसी लगाई है मुद्दई ने!'' सयानी होती एक भैंस लेकर तातू उसे एक बार भैंसा दिखाने ले गई। संभोग-इच्छा से तप्त वह जानवर अंग-प्रत्यंग, कण-कण काँपते हुए रँभाती रही। तातू उसे शांत करने का प्रयास करती होती। 'भैंसा दिखाकर' घायल हुई अपनी भैंस को लेते हुए तातू की आँख में विचित्र-से भाव उतर आए थे। अत्यंत स्नेहपूर्वक उसका विधवा हाथ उस सुहागिन भैंस के पुठ्ठे पर फिर रहा था! मातृत्व केवल संतान-प्रसव पर अवलंबित नहीं है। मातृत्व यह स्त्री के उसके स्त्रीत्व में व्याप्त एक स्थायी भाव है, तातू को देखकर किसी को भी यह लगता।

तातू के जीवन में ऐसे अनेक रंग हैं। रसभरी हरी घास-सी वह सतेज है। कटी हुई घास की तरह उसका मन कट गया है।

झागदार, धारयुक्त दूध-सी वह भरपूर वात्सल्यपूर्ण है।

गोपालों का नायक नंद के जाने के बाद यशोदा की जो हालत हुई, वैसा ही तातू का पूरा जीवन है! जिस जीवशक्ति का सहारा अपने भीतर लेकर तातू जी रही है, वह मुझे कभी समझ में नहीं आया। किसी की समझ में नहीं आएगा। संतोष इतना ही है कि आज भी ऐसी तातू मैं देखता हूँ।

टी.डी.

कुछ लोगों के नाम ऐसे क्यों होते हैं इसका विचार हम नहीं करते। हम सहज रूप में उसे स्वीकार करते हैं। दैनिक व्यवहार में वे हमारी जुबान पर चढ़ जाते हैं। संगीत में आर.डी. या एस.डी. बर्मन तो क्रिकेट में सी.के.। यदि अंतरराष्ट्रीय क्षेत्र की बात लें तो अंग्रेजी काव्य का टी.एच. इलिएट। इन नामों के आद्य अक्षरों की हम कभी खास पूछताछ नहीं करते। जिस प्रकार घर की खिड़की से आई कच्ची धूप हम अनजाने ही स्वीकार कर लेते हैं, उसी प्रकार ऐसे अनेक नाम हम अनजाने ही स्वीकार करते हैं। प्रत्येक व्यक्ति समाज में विचरण करता है, परंतु उसकी एक अपनी अलग दुनिया होती है। मेरी दुनिया में ऐसा ही मेरा जन्म-गाँव 'आजरा' और उस खानदानी देहात में अपने अंग्रेजी आद्य अक्षरों के साथ अनजाने ही घुसा और मन पर स्थिरता जमाता टी.डी.।

सचमुच टी.डी. इन आद्य अक्षरों का अर्थ क्या होगा, ऐसा खयाल टी.डी. के बारे में लिखते समय मेरे मन में आ रहा है। टी.डी. अर्थात् तुकाराम दत्तात्रय होगा, तात्या धोंडी होगा या और कुछ, कौन जाने ? टी.डी. के नाम के टी. का अर्थ यदि तुकाराम होगा तो भयंकर बात है। उस संत तुकाराम ने मराठी भाषा कई बड़े अर्थों में 'सँभाली', इस टी.डी. ने तो अक्षरशः इसे 'झुका दी', यही मैंने देखा।

टी.डी. आजरा गाँव में घर-दामाद के रूप में आया। एक बहुत भली, 'शांति' नाम के अनुरूप शांत स्वभाव की स्त्री का टी.डी. पति। टी.डी. घर-दामाद के रूप में आया तो, लेकिन ससुर के घर में काफी दिनों तक टिक नहीं पाया। ससुर की सोडा वाटर की दुकान थी। सोडा वाटर की बोतलें तैयार करने के उसके चल-यंत्र में अपने जीवन की बोतल डालकर घुमाने के लिए टी.डी. तैयार नहीं हुआ। जाहिर है दोनों की कभी नहीं बनी।

छत्रपति शिवाजी महाराज की धारदार नाक की याद दिलाने वाली टी.डी. की चंद्रवक्राकार नाक, होंठ कनपट की ओर, धनुष चढ़ने-सी हँसने की अदा, ऐसे हँसने के कारण चेहरे पर उभर आई झुर्रियाँ। संक्षेप में पिछले दिनों स्वर्गवासी हुए प्रसिद्ध अंग्रेजी अभिनेता 'जॉन वेन' की तरह हँसी—पी. डब्ल्यू.डी. के मुकादम-सी खाक़ी पैंट, उस पर कभी हाफ तो कभी फुल शर्ट, कभी बाल तेल चुपड़े काढ़े गए तो

कभी सिर पर काली टोपी। टी.डी., पी.डब्ल्यू.डी. के मुकादम या कुछ-कुछ शिक्षक-सा लगता।

ससुर गाँव में मान-सम्मान वाला, कुछ अमीर भी। टी.डी. ने अपनी उपजाऊ खोपड़ी से इस अमीर का गर्व चूर करने के लिए एक खास युक्ति सोची जो केवल उसे ही शोभा देती। शहर में आदमी का 'स्तर' तय करने के लिए कपड़े, स्कूटर, टी.वी., बंगला जैसे तत्काल दिखाई देने वाले साधन होते हैं। गाँवों मे यह संभव नहीं होता। सामान्यतः आदमी क्या 'खाता है' इस पर गाँव में 'स्तर' निर्धारित होता है। टी.डी. ने यह बात अचूकता से जान ली थी। अपने ससुर को कानोकान यह जानकारी मिले कि हम उनसे अधिक आराम, चैन से हैं, इसके लिए टी.डी. दो-एक स्कूली बच्चों को कुछ खाने को देकर घर-घर कचरे के ढेर में पड़े अंडे के छिलके लाने के लिए कहता। यह कहना वह न भूलता कि इसकी आवश्यकता दवाई बनाने के लिए है। ऐसे दस-बारह छिलके टी.डी. के दरवाजे से लगे कचरे के ढेर में अवश्य पड़े होते। आने-जाने वाले छिलकों को देखकर पूछते, "क्यों टी.डी., रात में क्या चल रहा था ?" टी.डी. अपनी रहस्यमय हँसी बिखेरता कहता, "कुछ नहीं भई। कल निपाणी से मेहमान आए थे, हमें अपने ससुर की तरह उन्हें कुछ रूखा-सूखा थोड़े ही देना होता है। बस, दिया अंडा-शोरबा।" सुनने वाले सुन और बिना भूले ससुर को बताएँ, ऐसी योजना टी.डी. के मन में होती।

गर्मी के अंतिम दिनों में मेरे गाँव के काजू-बगीचे काजू से लद जाते। मुक्त स्कूली लड़कों की चुनिंदा टोली टी.डी. अपने मिलनसार स्वभाव के कारण सदैव अपने साथ तैयार रखता।

चिलचिलाती धूप ढलने को होती तब बाल-गोपालों की टोली टी.डी. पहाड़ी के काजू के बगीचे के पास उतारता। पहरेदार की आँखें चुराकर लड़के बगीचे के चारों ओर फैल जाते। जेब में शेर छाप बीड़ी व माचिस और मुँह में हरे राम, हरे राम का मीठा भजन लेकर टी.डी. बगीचे के पहरेदार की झोंपड़ी के पास प्रकट होता। सिर की काली टोपी उतारकर पसीना पोंछता कहता, "अरे रानबा, है क्या भीतर ?" तयशुदा पद्धति के अनुसार धूप के आक्रमण से बचने के लिए घड़े का ठंडा पानी की फर्माइश रानबा के पास करता। गर्दन की टेंटुआ ऊपर-नीचे नचाता गटागट पानी पीता और शेर बीड़ी सुलगाते हुए संत तुकाराम का, रानबा के लिए उपयोग करता। कहता, "ऐसा है राणू मामा, कल ही बुवा महाराज का मंदिर में कीर्तन हुआ। कीर्तन करने वाले मिरज तरफ के थे। उन्होंने तुकाराम के इस अभंग (दोहे) को कीर्तन के लिए लिया। क्या बात है। कोई मुकाबला नहीं!!"

तुकाराम का नाम सुनते ही दोपहर से आराम करता रानबा उठ बैठता। टी.डी. उसे आलंदी, नरसोबा की बाड़ी ऐसी धार्मिक यात्राएँ बैठे-बैठे ही घुमा लाता। रानबा की झोंपड़ी में तुकाराम-ज्ञानदेव के अर्थ मधुर अभंग ढलती धूप में गूँजने लगे। तब

तक टी.डी. की ट्रेनिंग ले रहे लड़कों की टोली रानबा के बगीचे के काजू के रसमधुर फल पेड़ों से उतारकर बगीचे से बाहर होते।

संतों के अभंगों से भावुक हुआ रानबा अपने विशिष्ट ग्रामीण अपनेपन से टी.डी. को टोककर कहता, ''आपके ससुर की तरह हमारा बगीचा बड़ा नहीं है। बस, हाथ के पंजे इतना बगीचा है। कभी नहीं आते, इधर भरी धूप में आए। काजू के फल और कुछ बीज ले जाइए। भाभी के लिए, शाम के भोजन की दाल में उपयोगी होंगे। अच्छा टी.डी. इसी तरह कभी-कभार आते रहें।'' कान में ऐसे संत वाक्य आने से कान को अच्छा लगता है।

हमारी कचहरी की गली का 'शिवाजी-नगर' ऐतिहासिक नामकरण टी.डी. की कल्पना के कारण ही साकार हुआ। शिवाजी के जीवन की चुनिंदा घटनाओं को उत्साही युवकों के सामने बयान करके टी.डी. ने उनके मन पर प्रभाव डाला और एक शिवजयंती के समय बोला, ''अरे, 'कचहरी की गली' क्या नाम हुआ ? तुम लोगों जैसे हिम्मती, साहसी लड़कों के होते हुए इस मुहल्ले का नाम 'शिवाजीनगर' ही होना चाहिए।'' बस, उत्साही युवक अपने काम में लग गए। उन्होंने शिवप्रतिमा का विशाल जुलूस निकालकर टी.डी. की अध्यक्षता में कचहरी गली को 'शिवाजीनगर' नाम प्रदान किया। इससे एक बात और हुई, शिवजयंती, उसका चंदा, चंदे का जमा खर्च इन सारी बातों की चाबियाँ अनुभवी होने के नाते टी.डी. के हाथों आ गईं। अन्य लोगों की तरह टी.डी. ने कभी भी बौद्धिक गड़बड़ी शिवजयंती के मामले में नहीं की। लेकिन, हुआ यह कि इतने वर्षों तक गाँव में रहने के बावजूद ससुर को नहीं टी.डी. को सारा गाँव सम्मान देने लगा।

टी.डी. ने यह बात मन से कभी नहीं भुलाई कि पत्नी—शांताबाई तुरुप का पत्ता है। जब भी संकट की स्थिति आती टी.डी. अपनी पत्नी को बीमार बनाता। उसे जब गृहस्थी की गाड़ी खींचना दूभर लगता तब वह अपनी पत्नी को बीमार बनाता, बीमारी भी क्या, पेट दुखने की, अपचन की। तब टी.डी. के घर की ओर से एक फ्रॉक उम्र की बच्ची ससुर की सोडा दुकान की ओर जाती। टी.डी. द्वारा दिया सिक्का टेबिल पर रखती बोलती, ''मामी का पेट खराब हो गया है। सोडे की एक बोतल दीजिए।'' अपनी बेटी की पूछताछ करना टी.डी. के ससुर की मजबूरी हो जाती। उसकी बीमारी की बारीक जानकारी वह ले लेता। अब स्वयं ससुर ही परेशानी में फँस जाता। बेटी बीमार है, यह उसे मालूम होता। उसे ऐसे समय मदद करनी चाहिए, यह सोचकर वह कसमसा उठता। परंतु, टी.डी. के सामने आना उसके लिए संभव ही नहीं था। टी.डी. की जान-पहचान वाली किसी चाची, मामी को पकड़कर अपना नाम न बताने की शर्त पर ससुर कुछ पैसे, वस्तुओं की रसद बेटी तक पहुँचाता। वह टी.डी. के ही हाथों लगती।

टी.डी. की भाषा कभी ऐसी-वैसी न होती। बातों में रुपयों का उल्लेख

सैकड़ों-हजारों में, कपड़ों का उल्लेख मर्सराइज्ड, रेशम, कोसा-पगड़ी ऐसे उच्च स्तर का होता। शुक्रवार को बाजार के दिन जानवरों की खरीद-बिक्री का व्यवहार करने वाले 'दलाल' लोग गरीब किसानों को यूँ फँसाते। किसी जानवर का भाव तय करते समय काँख में लटकती पोटली पर हाथ रखकर 'झूठी कसमें' खाते कहते, ''जानबादा, रोटी कसम, इत्ता बड़ा बछड़ा, बेलगाँव के बाजार में दो सौ रुपयों में लिया, तुम्हारा क्यों अढ़ाई सौ में लें।'' सच तो यह था कि जानबादा का बछड़ा इतना फुर्तीला और सुंदर था कि कोई भी सहजता से वह 400 में ले लेता ! जानबा को कुछ न सूझता। बाजार में पास ही कटहल के पेड़ के नीचे बैठा टी.डी. यह सारा तमाशा शेर छाप बीड़ी पीता हुआ देखता रहता। जानबा अपना बछड़ा दे देगा इस स्थिति तक पहुँचने पर टी.डी. करीबी मित्र-सा तत्पर आगे बढ़ आता। दलाल के कंधे पर लटकी पोटली खींचकर वह जानबा के सामने खोलकर उपहासपूर्ण हँसता हुआ कहता, ''ज़ानबादा हम-तुम-सी रोटियाँ ये दलाल नहीं खाते। इनकी स्पेशल होती हैं।'' टी.डी. द्वारा खोली गई पोटली से एक-दूसरे में उलझी 'गँवई चप्पलें' बाहर आतीं। फिर जानबा टी.डी. को अपने गाँव आने का निमंत्रण देना न भूलता।

''काहिलों की संपत्ति बुद्धिमानों की खुराक होती है।'' ऐसा अर्थपूर्ण वाक्य किसी ने कहा है, इसका उदाहरण, टी.डी. द्वारा दुहराये गये कई ऐसे प्रसंगों में हैं। एक बार गर्मी के दिनों में साहूकारी करने वाले टोपेकर मास्टर के घर में खटमलों की संख्या बेहिसाब बढ़ गई। आने-जाने वाले किसी भी व्यक्ति को टोपेकर मास्टर खटमलों की उपद्रवी कथा सुनाने लगे। अपेक्षित रूप से, गाँव भर नारद की तरह भटकने वाले टी.डी. के कान में यह बात टोपेकर डाल गए। अब टी.डी. पक्के तौर जान गया कि धूप के जोर पर बढ़े खटमल टोपेकर मास्टर का खून पीकर उन्हें तकलीफ देते हैं और टोपेकर मास्टर साल-भर गरजमंदों का खून पीकर, मीठा बोलकर गाँव वालों को तकलीफ ही देते हैं। धनुष की तरह तनती हँसी बिखेरता टी.डी. टोपेकर मास्टर को कहता, ''अण्णा, अजी वे खटमल जो ठहरे! एक काम कीजिए, कोल्हापुर में खटमल मारने की एक मशीन मिलती है, वह ले आइए। एक बार मशीन लाने पर दस-बारह साल का आराम। वैसे कीमत भी महँगी नहीं है। पचीस-तीस रुपये तक होगी।'' कंजूस टोपेकर यह सुनकर खुश हुए। ''कहाँ मिलती है, बस इतना बता दीजिए।'' टोपेकर ने टी.डी. को पूछा। कोल्हापुर के खटमल मारने की मशीन का पता उन्हें टी.डी. ने दिया। टोपेकर अण्णा ने उस पते पर माँगपत्र भेज दिया। आठ-दस दिन में टोपेकर के नाम पर पोस्ट से एक मोटा-बड़ा पार्सल आया। बड़ी अधीरता से टोपेकर ने ''खटमल मारने की मशीन मँगाई है।'' कहते पार्सल छुड़ाकर सबके सामने उसे खोला। उसमें दो काले बड़े पत्थर थे!

फँस गए यह ध्यान में आने के बाद भी टोपेकर ने टी.डी. से कोई बात नहीं पूछी। क्योंकि टी.डी. के अनुसार ये खटमल मार सकने वाली मशीन थी। साथ ही

दस-बारह साल टिकने वाली भी थी। कोल्हापुर में ऐसे धंधे चलते हैं और कौन, कहाँ चलाता है, इसकी पूरी जानकारी टी.डी. को होती। तब भी जान-बूझकर साहूकारी करने वाले टोपेकर को उन्होंने यह पता दिया था।

ऐसे टी.डी. के सामने 'खूँसट बूढ़े' के रूप में जाना जाने वाला ससुर क्या टिकेगा ? टी.डी. का नाम निकलते ही वह ढेर सारी गालियाँ निकालता, परंतु टी.डी. के पीछे। टी.डी. रास्ते पर ही ससुर की दुकान के सामने खड़ा रहकर ऐसे कुछ शब्दों में ससुर की धज्जियाँ उड़ाता कि मन में बेकाबू क्रोध होने पर भी वह कुछ न बोल सकता। इसके लिए टी.डी. के संदर्भ में पंचतंत्र की प्राणिकथा सुनाने के उद्देश्य से किसी श्रोता को ठीक ससुर की दुकान के सामने रोक लेता। उस बेचारे को वह प्राणिकथा सुनने की इच्छा होती। वह टी.डी. की तारीफ करते हुए सड़क पर एकाग्र खड़ा रहता। ससुर के मन में उठे हुए विचार सामने के श्रोता को, ''तुम्हें ऐसा लगता होगा'' ऐसा कहकर टी.डी. के उसके प्रश्न स्वयं को ही पुछवा लेता और एकपात्री नाटक करता सड़क से ही अपने खूँसट और बूढ़े ससुर को भरपूर गालियाँ देता।

टी.डी. गाँव छोड़कर कब गया यह किसी को मालूम ही नहीं हुआ। उसके अफलातून कल्पनाशील दिमाग ने उसकी छाप अनेक लोगों के मन पर हमेशा के लिए छोड़ दी। आज भी शिवजयंती को शिवाजीनगर में शिवप्रतिमा का जुलूस निकलता है। जुलूस में सजी हुई शिवप्रतिमा की नाक की ओर देखते हुए असंख्य लोगों को टी.डी. की अनायास ही याद उभर आती है। टी.डी. की इन करामातों की याद करते हुए मुझे कई बार चार्ली चेप्लिन की फिल्मों के गोलमाल याद आते हैं और मुझे मन-ही-मन हँसी आती है।

खुदबु

"हे बाबा हम्माऽल, बाबा हम्माऽल।" दौड़ती बस के साथ वह भी दौड़ रहा था। उसकी जमात का कोई उसे टोकने के लिए निष्फल पुकारता है, "अबे, खुदब्या भागता क्यों ? मरिंगा साले।" इस बकवास की ओर ध्यान देने के लिए उसके पास समय नहीं होता। बस के यात्रियों की ओर आशापूर्ण दृष्टि दौड़ते हुए वह दौड़ता रहता है।

कितना थक गया है वह अब! सपोले-सा किसी समय उसका काला-गठीला बदन पीला पड़ गया है। दाढ़ी की कुंचली पर अल्लाह ने चूने का हाथ घुमा दिया है। उसकी मैली कमीज की फटी बाँहें देखकर मुझे लगता है—"फट गई। खुदबु की जिंदगी फट गई। खुदा ने पीठ पर दिये जीवन के बोझ पर सारी दुनिया के सामान का बोझ लादकर वह समय की बस के साथ निरंतर ऐसे ही दौड़ रहा है। उसके चारों ओर केवल धूल है—गरीबी की। इस गाँव पर तपनेवाले सूर्य की। इसे वही प्यारी है!"

खुदबु ! एक हमाल ! मुसलमान ! फिर भी वह मुझे गीता के 'कर्मयोगी' से रिश्ता जोड़ने वाला लगता है। मोहम्मद ने कुरान में 'कर्मयोग' के बारे में कितना बताया है, मुझे मालूम नहीं। परन्तु बस के साथ दौड़नेवाले खुदबु के कदमों में मुझे कई बार महसूस हुआ।

उसे देखते समय हमेशा ही एक बात खटकती रही। ग्रामशासन की पुरानी व्यवस्था में काम के बदले अनाज पाने वालों की सूची में धोबी, नाई, पहरेदार, महार सब आए। सिर्फ 'हमाल' इसमें शामिल नहीं हुआ। वैसे स्टैंड पर दर्जनों हमाल हैं—पर खुदबु इस गाँव का 'बैतेदार हमाल' है। गाँव से कोई मजदूरी न लेने वाला, उसका बोझ पीठ-काँधों पर उठाने के लिए एक-दो नहीं पूरे तीस साल दौड़ने वाला।

मेरी जानकारी में खुदबु यह एकमेव मुसलमान है जो नमाज पढ़ने कभी मस्जिद नहीं गया। रमजान में भी खुदबु की देह पर 'नयी कमीज' नहीं या 'हीना के फाहा' की तेज गंध उसके आसपास तक नहीं फटकी। इसीलिए कभी मस्जिद न जाने वाला, पसीने से लथपथ रहने वाला, धूल के साथ दौड़ने वाला—खुदबु मुझे साक्षात् 'मस्जिद' जैसा ही लगता है। उसके मुँह से स्टैंड को हिला देने वाली, "ए बाबा

हम्माऽल'' की आवाज बांग देने जैसी लगती है। प्रत्यक्ष मोहम्मद ने मक्का मस्जिद में पहली 'सब्र की नमाज' अदा करते समय दी होगी वैसी!

खुदबु कौन-कहाँ का, किसी को नहीं मालूम। उसके माँ-बाप का पता उसके जाति-भाइयों को भी मालूम नहीं हुआ। ईसाई भावना-विश्व में सफेद-फक्क दाढ़ी-मूँछ वाला 'क्रिसमस सांताक्लॉज' जैसा आता है ठीक उसी तरह कभी खुदबु इस गाँव में आया। आसमान से उतरा हो जैसे!

उसे मकान नहीं। स्टैंड ही उसका घर। फक्कड़ है। खुदबु की शादी नहीं हुई। अपनी मजबूत देह पर सवा-सवा मन का बोरा पीठ पर बच्चा उठाने-सा आसानी से उठाने वाला खुदबु मैंने देखा है। रस्सी से बाँधकर ''हे बाबाऽ'' की आवाज देता पल भर में भरा बोरा आसानी से उठाने वाला खुदबु मुझे महाभारत के भीम की याद दिलाता। पीठ पर बोरा उठाने पर उसकी पिंडलियों की फूली हुई नसें देखकर लगता ''पीठ पर रखे बोरे को रस्सी से देह में इसने गूँथ लिया है और इसकी इन नसों ने सारे गाँव को लपेट लिया है।''

खुदबु ने शादी नहीं की। परंतु शरीर में रुस्तम-सी ऊर्जा होते हुए भी कभी किसी औरत को बुरी नजर से देखने की घटना कोई नहीं सुना सकता। मकान, शादी, रसोई, जिंदगी की ये बातें खुदबु के खयाल में कभी आई ही नहीं। गाँव में किसी स्त्री की इज्जत पर कोई कामांध यदि हाथ डालता है तो लोग कोर्ट की सीढ़ियाँ क्यों चढ़ते हैं, मेरी समझ में नहीं आता। उस 'उन्मत्त' को लाकर खुदबु के सामने खड़ा कर क्यों नहीं कहते, ''खुदबु, उठाओ ये डाग और फेंक दो नदी में।'' संभव है, उसके मुँह पर पिच्च से थूकते हुए खुदबु उसके चारों ओर रस्सी बाँधेगा। ''हे बाबाऽ'' कहते हुए उसे पीठ पर उठाएगा और अल्लाह के घर का वह बोझ उसी के घर पहुँचाकर 'अठन्नी-चवन्नी' उसकी ओर से भी वसूल कर लौटेगा। बिल्कुल मोहम्मद की तरह।

खुदबु मुसलमान है इसलिए उसके कंधों पर सामान के डाग देने से कभी किसी ब्राह्मण ने इंकार नहीं किया। एक बार गणेशचतुर्थी के समय गाँव से मेरे भाई का पत्र आया, ''सत्यनारायण की पूजा करनी है। आते समय केवड़े का गुच्छा, कमलकली और ढेर सारे फूल ले आओ।'' सारा सामान लेकर मैं गाँव आया। स्टैंड पर चिर-परिचित आवाज गूँजी—''हे बाबाऽ''।

''दादा, दादा'' कहते खुदबु ने मेरे सामान के डाग का कब्जा ले लिया। हल्की होने के कारण फूलों की पुड़िया मेरे हाथ में रह गई। खुदबु के पीछे मैं घर की ओर चल पड़ा। उसकी पिंडलियों की फूली हुई नसों की नागिन देखते हुए बिजली की तरह एक विचार मन में अचानक कौंध गया। मैंने भर्रायी आवाज में कहा, ''खुदबु, ज़रा ठहरो। ये लो।'' मैंने फूलों की पुड़िया उसकी ओर बढ़ायी। ''जी दादा'', कहते हुए उसने अपने हाथ में पुड़िया ले ली। मुझे लगा—मेरे घर होने वाली सत्यनारायण

की पूजा पर खुदबु के हाथ-स्पर्श हुए फूल ही चढ़ें।

उसे थाली में खाना खाते हुए किसी ने नहीं देखा। 'जंगली' जाति की बकरी जिस तरह झाड़-झंखड़ की पत्तियाँ खाकर जीती है उसी तरह वह 'ऊपरी' भोजन पर ही जीता। हाथ की अँजुरी ही उसकी थाली। उसकी उस थाली पर केला, आम, डबल रोटी रखते समय लगता, कम-से-कम एक बार इसके समान अपने हाथों की थाली इसके सामने हाथ पसारकर इसके संन्यासी हाथों से कुछ ग्रहण करें। विवाद करना हमालों का सहज स्वभाव। खुदबु ने कभी किसी से विवाद नहीं किया। उसे इसकी कभी आवश्यकता ही महसूस नहीं हुई। गाँव वालों ने उसे हमेशा ही 'अठन्नी-चवन्नी' अधिक दी है।

खुदबु कम बोलता है। "क्या दादा कितने दिनों के बाद आए! कैसे हैं ?" बस, इससे अधिक कुछ न बोलता।

खुदबु को गुस्से में आमतौर पर नहीं देखा गया। परंतु एक बार उसके गुस्से का अजीब नमूना पूरे स्टैंड को दिखाई दिया। मोरू भटजी गाँव का एक खूँसट परचून व्यापारी था। स्कूली बच्चे पानीदार मुँह से मोरू की दुकान के सामने गोलियों की बरनियों की ओर ताकते रहते। उनकी इच्छा देखकर मोरू उँगली के इशारे से उन्हें दुकान में बुलाता। "क्यों बे शिवा, गोलियाँ खायेगा ? एक ही शर्त है। अपने हाथ की उँगलियाँ तेरी कलाई के पास उभारूँगा। मंजूर ?" बच्चा गर्दन हिलाकर आशा से हाथ पसार देता। मोरू उसके हाथ पर सात-आठ गोलियाँ रखते हुए, पसारे हाथ को बायें हाथ से पकड़ता और दायें हाथ की अपनी लोहे की सलाखों-सी उँगलियाँ बच्चे की कलाई पर दे मारता। बच्चा तिलमिला उठता। कलाई की झनझनाहट मस्तक तक पहुँचती। फिर भी गोलियाँ मुँहभर ठूँसी जातीं। उन गोलियों की मिठास जीभ पर फैलने से पहले ही कलाई सूजकर मोटी हो जाती। बच्चे डरकर मोरू की दुकान के सामने से भी जाना टालते।

इस मोरू को स्वयं 'गुरु को महागुरु' मिला। मोरू गोलियाँ देकर कलाई सुजाता है, यह कीर्ति मुझे मालूम हुई। काफी सिर खपाकर मैंने एक युक्ति खोज निकाली। सिगरेट के पॉकेट की पन्नी गोंद के लेप से कलाई पर चिपका ली। उस पर खास खुजलीवाली पुड़िया उड़ेली और मासूम चेहरा बनाकर दुकान की सीढ़ियाँ चढ़ा। हमेशा की तरह मोरू ने गोलियाँ हथेली पर रखीं और अपने लोहे-सी उँगलियों से दनादन मेरी कलाई पर प्रहार किया। दूसरे दिन 'मोरू की उँगलियाँ सूजकर मोटी' होने की खबर सारे गाँव में फैल गई। सारी बच्चा मंडली यह सुनकर खुश हो गई।

अपने खूँसट स्वभाव के अनुसार एक बार यह मोरू खुदबु के आड़े आया। कुछ हमाली तय कर एक सवा मन का बोरा मोरू ने खुदबु की पीठ पर लादा। दोनों स्टैंड पर आए। हमाली देते समय मोरू फिर गया। विवाद शुरू हुआ। कहाँ से दुर्बुद्धि सूझी और मोरू ने झगड़े में खुदबु को एक खास कोकणस्थ गाली बकी। बस! यह

टक्कर का मुकाबला था।

कुछ न बोलते हुए खुदबु ने अपनी रस्सी ऐंठकर काँधे से बाँध ली। अल्लाह का मन ही मन जाप करते हुए हमाली की आशा छोड़ दी और इंग्लिश खाड़ी पार करने निकले तैराक की तरह, किसी के लिए अनपेक्षित एक चमकदार छलाँग मोरू पर लगाई। पल भर में खुदबु के मजबूत हाथ मोरू के कठोर जबड़े पर धँस गए। खुदबु के दाँतों में मोरू के जबड़े का जितना हिस्सा आया उसने नोंच लिया। मुँह में आए खून को पिच्च से थूकते हुए खुदबु ने काँधे की रस्सी ढीली की। नमक के बोरे को घेरते हुए ''हे बाबाऽ'' कहते उसने बोरा पीठ पर उठा लिया। ''गालियाँ देता है। पहले हमाली लाओ बाद में बोरा। नहीं तो जाओ कोर्ट में।'' वह बोरा, वह कहाँ पटक आया किसी को नहीं मालूम। झक् मारकर बैंडेज बाँधे हुए चेहरे से खुदबु की तय की गई हमाली दी, तभी मोरू बोरा ले जा सका। मोरू को इस प्रकार अजीब चूना लगाने वाला माई का लाल गाँव में कोई नहीं मिला था।

खुदबु जिस प्रकार मस्जिद में कभी नहीं गया था, उसी प्रकार वह कभी भी किसी के शादी-ब्याह या दफ़न के लिए भी नहीं गया था।

बाकी हर तरह के दाग़ वह अपनी संन्यासी पीठ पर ढो गया, परंतु 'धर्म-जाति' यह सारी दुनिया को प्यारा बोझिल दाग़ उसने अपनी पीठ पर रखे ही नहीं। अब समझदारी आने पर मुझे खुदबु की 'जाति' मालूम हो गई है। एक-एक ही जाति का रिश्ता बनाने वाला है। रवीन्द्र बाबू का वह 'काबुलीवाला' है न— सिर्फ उनके साथ। लोग धर्म का 'धंधा' करते हैं। खुदबु ने धंधे का धर्म किया है।

इसीलिए आज वह उम्र की उतार पर है, उसे थका हुआ देखकर समाज की सभी जातियों के अंतरंग में कहीं बहुत गहरे टीस उभरती है। आकाश में बादल घिर आते ही वह खुदबु अपनी देह समेटता है। किसी दुकान के सामने तख्त पर वह अपनी देह की गठरी बाँधकर कहीं सोया होता है। उसके सिर पर गंदे बोरे का गिलाफ होता। एक समय का गठा हुआ बदन अब पिघल गया है, यह कोई देख न पाए इसलिए इस गिलाफ में लपेट लेता है। इस कारण उसके काँधे पर रस्सी की ऐंठन है या नहीं, पता नहीं चलता। कौड़ियों की तरह उसकी आँखें अब निस्तेज हो गईं फिर भी उसमें खिन्नता या हताशा नहीं लगती। गठरी के रूप में बैठा खुदबु देखते हुए मुझे लगता है, यह कभी न देखा हुआ, न पूजे हुए मोहम्मद के साथ मन ही मन संवाद तो नहीं कर रहा होगा ? उसे पूछ तो नहीं रहा होगा कि, ''बाबा रे, तू भी बोझ उठाकर थक गया। मैं भी। अब क्यों पराजय देखता है ?''

चारों ओर लोगों की भीड़ से भरा स्टैंड मुझे उसकी तीन हाथ देह में जज्ब होने-सा लगता है। स्टैंड में गाड़ी घुसने पर वह पहले जैसा आवाज देता दौड़ता नहीं है। गाड़ी रुकने पर तख्त से उठता है। अपने शरीर के 'दाग़' साफ करता हुआ धीरे-धीरे बस के पास आता है। उसकी खोजी आँखें पूरी बस में घूम जाती हैं। पहचान

के लोग दिखने पर ही बिना कुछ बोले हाथ आगे कर देता है। उसका वह हाथ कोरे चेक जैसा लगता है। अपनी सेवा की, अधिकारपूर्वक वह मूक रूप से वसूली करता है, ऐसा लगता है।

नये हमाल के पीठ-काँधे पर सामान का बोझ रखकर, खुदबु के 'कोरे चेक' पर पचीस-पचास पैसे रखते हुए मुझसे उसकी आँखें सवाल कर जाती हैं, ''क्या दादा, कित्ते दिनों के बाद आये ? कैसे हैं?''

कदम घर के रास्ते उठ रहे हैं। कलेजे की सारी जगह उस हमाल की व्याप्ति से भर उठती है। मन एक ही निर्णय पर अडिग हो जाता है—''कैसे मैं जीवन के साथ दौड़ते हुए दुनिया में कहीं भी होऊँ, परंतु जिस दिन खुदबु अल्लाह को प्यारा होगा उस दिन मैं गाँव में ही रहूँ। उसके दफन के लिए कब्रस्तान का रास्ता ये पैर चलें। उस अंतिम दिन कफन के लिए उसके जात-भाई उस पर कुछ न ओढ़ाएँ। वह आसमान ही उस पर कफन ओढ़ाए। उसके कयामत के दिन की शुरुआत सुखपूर्ण हो, इसलिए मैं मन-ही-मन उसके लिए गीता का एक श्लोक पढ़ूँ—

वासांसि जीर्णानि यथा विहाय।
नवानि गृहणाति नरोऽपराणि।
तथा शरीरराणि विहाय जीर्णा-
न्यन्यानि संयाति नवानि देही।।''

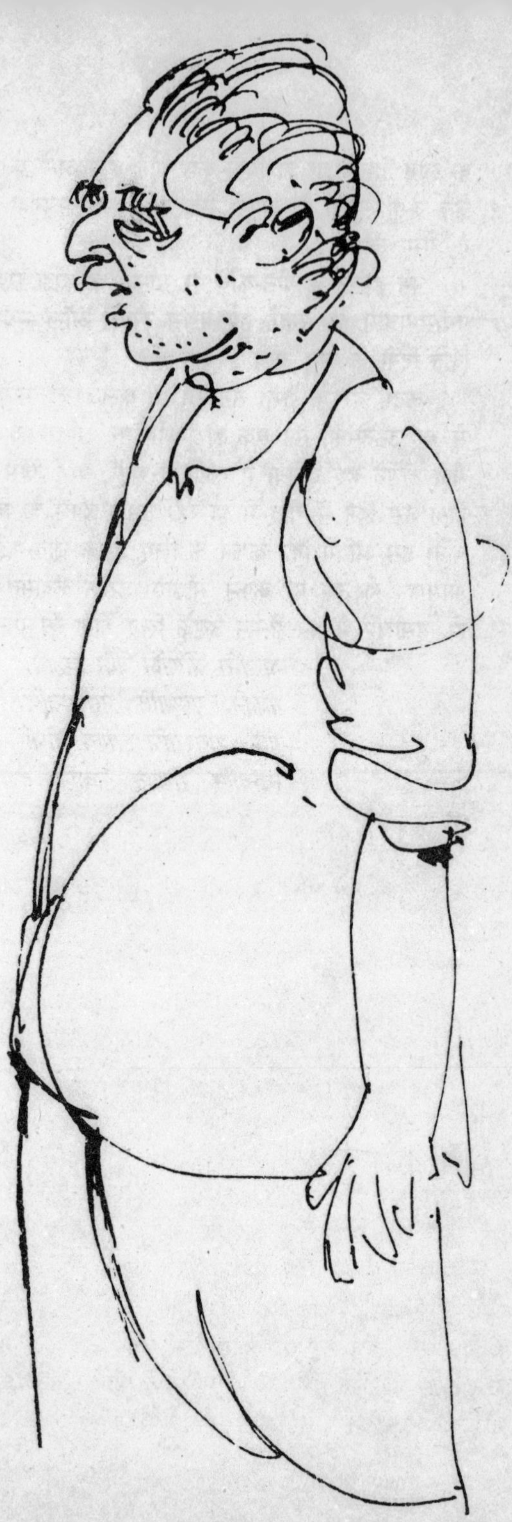

तोतला दत्तू

तोऽ तोऽ तोतले आदमी के साथ आप कभी रहे हैं ? बहुत मजा आता है, ऐसे लोगों के साथ। थोड़े ही दिन में उसकी हकलाती जगह भरने की अनायास आदत आपको लग जाती है!

प्रत्येक तोतला जीव समर्थ रामदास का निष्ठावान शिष्य हो। जो हमें मालूम हो, उसे औरों को सिखाएँ। तोतला कर छोड़ें, सकल जन। ऐसा ही कुछ समर्थ रामदास बदलकर याद करें!

अटकती जीभ के साथ अटकती आत्मा लेकर चलने वाले अज़ीब लोग सिर्फ इस एक ही सम्प्रदाय में मिलेंगे। मुझे मिला 'दत्तू' ऐसा ही था। आवाडे का दत्तू, इस नाम से वह मशहूर खानदानी तोतला!

नाटापन और तोतलापन इन दोनों के बीच क्या साम्य है पता नहीं ? मुझे मिले अधिकांश तोतले ठिगणे ही हैं। उन सबका एक 'जवान-मंडल' कोई कल्पनाशील यदि स्थापित करना चाहे तो बेखटक वह अपने उस मंडल का अध्यक्ष पद हमारे दत्तू को दे।

काफी दिनों पहले चक्की के ठोंके हुए पिंड-सा दत्तू का चेहरा दिखता। उसके कठोर, बासी चेहरे पर उसकी जीभ में ज्यों कुछ कठोर शब्द बुरी तरह गड़ गये हों वैसे चेचक के दाग चिपक गये हों। उसकी बोलचाल में जैसे भाषा बिरली हो गई हो, वैसे ही सिर पर बाल बिरले हो गए हैं। अर्थात् शाहू मिल का धोती-लट्ठा धुल जाए उसी तरह सिर के बिरले बालों ने गंजापन पनपाया है !

दत्तू जूते-चप्पल कभी नहीं पहनता। फिर भी उसके चलने के साथ अँगूठे की फिसली हड्डी की कदम-कदम पर 'चटपट' आवाज उठती। जीभ में अटकने वाले स्वर वह इस 'चरण संगीत' से पैदा करता है क्या भगवान जाने ?

स्वयं दत्तू की जीभ अटकती है, परंतु इस कारण वह अपने चारों ओर जगह-जगह अटकने पर मजबूर करता है। दत्तू यदि तोतला होता तो किसी के ध्यान में न आता। परंतु दत्तू नाटक में काम करने वाला शौकिया अभिनेता है। होशियार दिमाग का मैकेनिक है। अपनी लड़खड़ाती जीभ दाँतों तले दबाकर जंगल में बेलगाम दौड़ने वाले जानवरों पर गोली चलाकर, उन्हें चित्त करने वाला शिकारी है। अपनी

अजीब खोपड़ी पर काली टोपी चढ़ाकर, माथे पर काले अबीर की आड़ी उँगलियाँ लगाकर मंजीरे पीटने वाला भजन मंडली का विट्ठल भक्त है।

कभी हिरण्यकेशी के घाट पर साबुन के टुकड़े से अपने खुरदुरे पाँव धोते हुए सीटी में, "अजी, मेरा लाल तुपट्टा मलमल का...।" अपना प्रिय गीत बजाता, कभी आटे की चक्की के पास, चक्की में पिसाने आई महिलाओं के डब्बे उल्टे कर उनके पेंदे बजाता और पीले रंग का लहँगा और पोलका पहने कोरवे की शेवंती को आँखें मटकाता पूछता, "काऽ काऽ क्या शेवंती, बाऽ बाऽ बाबा को हऽ हऽ हल्दी चढ़ी क्या ?" कभी पेचकस-पाने लिये भरे ट्रक के नीचे चित पड़े 'मरम्मत' करते समय 'हेल्पर' लड़के को डाँटता हुआ, "अबे ओ म्हऽ म्हतुल्या ऽतेऽते तेरी माँ काऽ छेऽ नं.ऽ नंबर का पाना..." दत्तू का वाक्य पूरा होने से पहले ही म्हमूल्या उसके हाथों में छह नंबर का पाना देते हुए चिढ़कर कहता, "ये ले बे बोतरे, छह नंबर का! तेरी माँ का, गालियाँ क्यों देता है ?"

ट्रक के नीचे से हाथ बाहर निकालकर लेते हुए दत्तू उसे डाँटता—"चूऽऽ चूऽ चूप बेऽ, लऽऽ लवंडे, गाऽ गाऽ गाड़ी थर्ड में डाऽ डाऽ डालूँगा तेरी !!"

डॉक्टर पाध्ये गाँव का एक सज्जन व्यक्ति। उसे दत्तू ने अपने तोतलेपन की 'सलाईन' किस तरह चढ़ाई किसे पता ? पूरे गाँव से डॉक्टर ने दत्तू की नियुक्ति सहायक के रूप में की। यही एक क्षेत्र दत्त महाराज की फेरी से आज तक छूट गया था।

फिर पैरों के अगूँठे की हड्डियों का 'चटचट' आवाज करता, डॉक्टर की बैग लेकर चलने वाला दत्तू और पीछे ऊँचा, गोरा, हँसमुख डॉ पाध्ये; यह दृश्य अब पूरे गाँव के लिए परिचित हो गया।

डॉक्टर, साहित्य, संगीत, नाटक कलाओं के शौकीन थे। मैं कभी-कभार उनके पास जाता। बातें होतीं।

एक बार मैं उनके पास गया। बहुत आदर से स्वागत करते हुए डॉ. बोले, "चलिए लेखक जी, आपको एक चीज दिखाता हूँ।" मेरा कुतूहल बढ़ गया। मैंने मजाक में कहा, "डॉक्टर के पास 'चीज' अर्थात् नई नर्स!"

"अरे नहीं, वैसी ही है परंतु नर्स नहीं, चलिए।" डॉक्टर अस्पताल से बाहर आए। पास की टीन के गैरेज का दरवाजा खोलने के लिए नौकर से कहा।

गैरेज में चमकदार काई रंग की नई कोरी जावा मोटर साइकिल थी।

"वाहऽ।" मैंने, उसे देखकर डॉक्टर का हाथ आनंदित होकर दबाया।

"रात को ही कोल्हापुर का मैकेनिक यहाँ पहुँचा गया है इसे। साढ़े चार हजार रुपये।" डॉक्टर खुश थे। इतने में देवदूत की तरह दत्तू गैरेज में टपका। शरीर में मैकेनिक का रक्त वाला दत्तू स्वयं 'जावा' के पास गया। जिस प्रकार कोई निपुण दलाल बिक्री के लिए आई भैंस की काली पीठ पर थपकी देता है, उसी तरह मोटर

साइकिल की सीट पर थपकी देता हुआ डॉक्टर से ब्रोला, ''आऽ आऽ आपने क्या आऽऽ आऽऽ आइडिया दी है नऽ नऽऽ न डॉक्टर!''

कहते-कहते दत्तू ने मोटर साइकिल स्टैंड से धीरे से नीचे उतारी। गाड़ी गैरेज के बाहर ले जाता, पेट्रोल का कॉक खोलकर हम दोनों की ओर आँखें मटकाता बोला, ''जरा टेऽऽ टेऽऽ टेस्ट कऽ कऽ कर आता हूँ।''

उसके अंतिम शब्द मुझे सुनाई ही नहीं पड़े। धुएँ की बौछार छोड़ती, फटफट करती गाड़ी दौड़ने लगी।

आगे बढ़ गए दत्तू को देखकर डॉक्टर बोले, ''मेकैनिक घर का ही है। अब गाड़ी की चिंता नहीं।''

हम फिर अस्पताल में आ गए। चाय-पानी हुआ। हमेशा की तरह हमारी बातें रंगने लगीं। हँसी के फव्वारे फूटने लगे।

अचानक कोल्हापुर से आने वाली राज्य परिवहन बस की धूल कर्कश आवाज के साथ दवाखाने के सामने थम गई।

खटाक् से दरवाजा खोलकर गुलाब ड्राइवर जीने चढ़ता हुआ दवाखाने में आया। मुँह की बीड़ी का अधजला टुकड़ा खिड़की से बाहर फेंकता, हाँफता हुआ बोला, ''क्या डॉक्टर साब, चाय पितै ? तुम्हारा वो बोतरा कम्पाउंडर गिरा है, पुल के नीचे! हमारे पैसेंजर उसकू उठा के लाये ऊपर रास्ते पे। बेसुद है उनी। जाओ जल्दी नई तो मर जाएगा।'' गुलाब ने सादी खाँसी के लिए दस रुपए ऐंठे डॉक्टर के गले में समय पाकर स्टेथॅस्कोप फाँसी की तरह खींच डाला !

हम दोनों, किसी ने किक मारी इस तरह फटाक् से उठे। भाग-दौड़ शुरू हुई। डॉक्टर ने दवाइयों की बैग उठायी। जिला परिषद् की जीप में बैठकर हम गाँव सीमा के बाहर विक्टोरिया पुल के पास गए। लोगों की भीड़ के बीच एक पेड़ के नीचे दत्तू को कंबल पर लिटाया था। सड़क पर डाली जाने वाली गिट्टी के ब्रास पर कल ही कोल्हापुर से लाई डॉक्टर की 'चीज' मुर्दा हो पड़ी थी। आधे घंटे पहले बिकाऊ भैंस की तरह चमकदार डॉक्टर की 'जावा' अब कसाईखाने की ओर जा रही सूखी भैंस की तरह विद्रूप दिखाई दे रही थी।

मोटर साइकिल की वह हालत देखते ही डॉक्टर पाध्ये ने, अचानक दाँत के नीचे कुनैन की गोली फूट जाने-सा चेहरा बनाया। परंतु सामने घायल मरीज होते हुए गाड़ी के बारे में पूछना डॉक्टरी पेशा-धर्म के लिए सुसंगत नहीं था।

आगे बढ़ते हुए डॉक्टर ने रुई से दत्तू के चेहरे का वीररस पोंछना शुरू किया। थोड़ी ही देर में दत्तू होश में आया। सारे लोगों के प्राण गले में अटके थे, ऐसे में हमेशा की तरह हकलाते हुए बोला, ''गिऽ गिऽऽ गियर ठीकऽ सेऽ नऽ नऽऽ नहीं गिरते।'' डॉक्टर का गियर तो कब का थर्ड में गिर गया था। डॉक्टर-पेशे की नकली हँसी ओढ़कर डॉक्टर उसे दवाई देते बोले—''रहने दे··· रहने दे। गाड़ी की क्या

बात है, एक नहीं तो दूसरी। तू मत घबराये।''

वह गाड़ी उठाकर तेज दौड़ाते हुए ''टेऽऽ टेऽऽ टेस्ट'' करता हूँ कहता हुआ, उस गाड़ी का या डॉक्टर की सहनशक्ति का टेस्ट कर रहा है, यह सवाल मेरे सामने खड़ा हो गया। दत्तू ने गाड़ी का, डॉक्टर का, मेरा, गुलाब ड्राइवर और पैसेंजर सभी का 'टेस्ट' कर लिया था।

मराठी में या किसी भी भाषा में किसी भी नाटक लेखक द्वारा लिखे गये संवाद, ढंग की भाषा में बोलने वाले पात्रों की भूमिका, किसी तोतले की गिरफ्त में आने के बाद उन संवादों का क्या होगा ? उन संवादों के उतार-चढ़ाव, विशेषतः ऊँची आवाज में बोलने वाले पात्र, खासकर 'माँ साहिब, जीजाबाई' जैसे पात्र किसी पुरुष कलाकार की गिरफ्त में आने पर क्या होगा ?

एक बार ऐसा हुआ। इस 'अभिनय सम्राट्' दत्तोपंत की गिरफ्त में महाराष्ट्र की वह लोकमाता एक बार आ गई। पूर्व जन्म में अफजल या शाहिस्ता खाँ ही होगा। अन्यथा बेटा शिवाजी द्वारा की गई फजीहत की ब्याज समेत वापसी जीजाबाई की भूमिका कर उस पर यह जानलेवा स्थिति क्यों बनाता ?

नाटक था 'शिवसंभव'। अफलातून निर्देशक ने जीजाबाई के रोल के लिए इस नाटे, अजीब से चेहरे वाले और बात-बात पर 'तऽ पऽ पऽ प' करने वाले मास्टर दत्तू का चयन किया। निर्देशक, दत्तू, दर्शक सभी का ही भाग्य 'उज्ज्वल' था। इसमें शिवाजी का 'संभव' होने वाला था, यह कथावस्तु थी। यदि प्रत्यक्ष शिवाजी इस नाटक में होता तो-तो··· ''उसने सबसे पहले तलवार उठायी होती, इस माँ साहिब पर ही!''

किस ढंग से हुआ, पता नहीं, पर इस नाटक का पूर्वाभ्यास रोज विठोबा के मंदिर में होता।

कमर पर हाथ रखकर, गर्भगृह में दोनों पैरों पर खड़े विठोबा को दत्तू के मुँह से जीजाबाई के तोतले संवाद सुनते समय क्या लगा होगा? उसने कमर के हाथ हटाकर उन्हें जोड़कर ब्रह्मा से प्रार्थना की होगी, ''हे भगवान्, इस जीजाबाई की गोद मत भरना !''

नाटक के पूर्वाभ्यास चलते समय मास्टर दत्तू को किसी ने सलाह दी, ''जोरदार आवाज की आवश्यकता होगी तो तुकाई की छत पर जाओ। मुँह में अखंड सुपारी रखकर भाषण कुछ शिथिल जीभ से धड़ाधड़ बोलो।''

सलाह के अनुसार दत्तू रोज शाम को तुकाई की छत पर जाने लगा। खरे शास्त्री का ऐतिहासिक नाटक अक्षरशः खेत-जंगलों में दौड़ने लगा।

नाटक के दिन जीजाबाई के भेष में दत्तू ने कमाल कर दिया। किसी भी लोकनाट्य का खानदानी जनखा लगने वाला—दत्तू, जीजाऊ के रूप में रंगमंच पर आया। पेट में कपड़ों का गोला बनाकर, 'आने वाले' शिवाजी राजा के संकेत के रूप में बाँधकर।

जब-जब उसकी छँटी हुई जिद्दी जीभ उसे संवाद फेंकते समय दगा दे जाती, तब-तब सदाशिव पेठ की किसी हसीना को शोभा दे, ऐसे संवाद वह अपनी ओर से घुसेड़ देता, "इसलिए मैं कहती हूँ" इन चार शब्दों को! मजे की बात यह थी कि जीजाऊ बने इस दत्तू के साथ यह संवाद वफादारी निभाता। यह संवाद उसकी जीभ में कभी नहीं लड़खड़ाया। "इसलिए मैं कहती हूँ।" यह संवाद जीजाऊ के मुँह से बड़ा अजीब लगता है, यह बात किसी ने एक अंक के बाद, उसे बतायी। यदि कहना ही है, तो "इसलिए हम कहते हैं।" ऐसा तो कह, यह सलाह नाटक के हितचिंतकों ने उसे दी। दत्तू को सलाह ठीक लगी।

अगले ही अंक में दत्तू खंडित स्थान पर यह संशोधित संवाद बोलने लगा, "इसलिए हम कहते हैं।" और 'इसलिए' शब्द का उच्चारण तो उसने कर लिया। परंतु, 'हम' का 'ह' अक्षर उसे हरी झंडी न देता। "हऽ हऽ हऽऽ" जीजाऊ ने शिवनेरी किले पर अकेली रहते समय, शसनी-राजा के रुकने के लिए जो अनुनय किया होगा, उसी तरह वह 'ह' की उपासना करने लगा। दर्शकों को लगा जीजाऊ अब गाएगी !! वे ठीक से बैठे और उनके कान खड़े हो गए। दत्तू ने उन्हें, जीजाऊ को शोभा दे, ऐसा ऐतिहासिक चकमा दिया।

अटकाने वाला 'ह' अक्षर उसने झटक दिया और फिर वह सहजता से बोला, "इसलिए मैं कहती हूँ।" फिर उसने उस 'हम' की जिद नहीं की।

इस 'शिवसंभव' नाटक का सबसे भावपूर्ण एक स्थान नाटककार ने बनाया है। संभवतः यही इस नाटक का आशय है।

नाटक में एक प्रवेश ऐसा है कि—गर्भवती, भारी बोझिल-सी बैठी जीजाऊ बैठक में बैठी है और खबर आती है, "शत्रु आ रहे हैं।" जीजाऊ धनुष उठाकर शत्रु को समाप्त करने के लिए उठ खड़ी होती है। विंग की ओर देखते हुए जीजाऊ कहती है, "धोखा हम कतई नहीं सहेंगे। देखिए, मैं उन्हें निशाना बनाती हूँ।" इस तरह लंबे संवाद बोलते हुए जीजाऊ विंग में एक के बाद एक तीर चलाती है और अंत में आँचल से माथे का पसीना पोंछती हैं।

नाटककार यह बताना चाहता था कि वीरमाता की कोख से वीरपुत्र जन्मता है। पर उस बेचारे को यह जानकारी नहीं थी कि यह वीरपुत्र दत्तोपंत के चक्कर में पड़ गया है।

नाटक का चरमोत्कर्ष शुरू हुआ। खबर आई, "शत्रु आये !" दत्तू बैठक से उठा। उसके मुँह से अच्छे संवाद बाहर आ रहे थे। अर्थात् वह कहीं भी न अटकता। उसने तरकस काँधे पर रखा। धनुष उठाया।

"हम धोखा कतई नहीं सहेंगे" कहता हुआ एक तीर तरकस से बाहर निकाला। उसे धनुष पर चढ़ाकर 'प्रत्यंचा' तानी। सुतली से बनी, उस धोखेबाज प्रत्यंचा ने जीजाऊ, निर्देशक, दर्शक सबके चेहरे की धज्जियाँ उड़ा दीं। प्रत्यंचा फटाक् से टूट

गई। नाटक टूट गया। प्रत्यक्ष नाटककार यदि यह देख रहा होता तो उसे एम्बुलेंस से हॉस्पिटल रवाना करना पड़ता।

प्रत्यंचा टूटी और शत्रु पर चलाया गया तीर दत्तू के पैरों पर गिर पड़ा। पहले से तोतला तो था ही, उसकी जीभ और लड़खड़ाने लगी। अब तक वह प्रॉम्पटर की मदद से संवाद बोल रहा था। अब वह भी न कह पाता। उसकी कनपटी लाल हो गई। अपने पेट में गठरी का ही क्यों न हो शिवाजी राजा, इसका उसे भान ही नहीं रहा।

वह पागलों की तरह टूटा धनुष हाथ में लेकर इधर-उधर रंगमंच पर घूमने लगा। याद आते ऐसे संवाद फेंकने लगा। ''यह देखिए, शत्रु मार गिराया। इसीलिए मैं कहती हूँ। कहाँ है शत्रु?''

देखते-देखते भौचक दत्तू ने पूरा रंगमंच सिर पर उठा लिया। जीजाऊ जैसा सत्यनिष्ठ, स्त्रीश्रेष्ठ पात्र देखते-देखते संशय से पराजित अँथोलो-सा स्टेज पर घूमने लगा। भयानक संवाद और लंबी डींगे हाँकने वाले किसी भी मनोविज्ञान के अध्येता नाटककार के लिए भी परखना संभव न हो सके, ऐसे मनोभाव दत्तू के विचलित चेहरे से फूट रहे थे !

अपने पेट में साक्षात् शिवाजी राजा हैं, इसे भूलते हुए दत्तू, दीवाली के दिन मीठा भोजन साफ करने के बाद पेट पर घुमाने-सा हाथ फेरने लगा।

उसे केवल एक बात मालूम थी—''हाथ का धनुष टूट गया है।'' अचानक वह परदे के पास जाता। दबी, तोतली आवाज में निर्देशक से कहता, ''खरपे मास्टर, धनुष टूट गया !'' लाउडस्पीकर से यह सब दर्शक सुन रहे थे।

निर्देशक खरपे मास्टर यह समझ नहीं पा रहे थे कि स्टेज पर माँसाहेब किस मुसीबत में फँसी हुई हैं। लगातार हलचल के कारण दत्तू के पेट पर बँधी कपड़े की पोटली ढीली हो गई।

घबराये हुए दर्शक परेशान शिवाजी राजा की फजीहत देखने के लिए तैयार नहीं थे। उन्हें लगता कोई स्टेज पर आए और जीजाऊ के धनुष की प्रत्यंचा सबके सामने लगा दे। वैसा हुआ होता तो ···तो जीजाऊ, (उसकी कोख के शिवाजी राजा), सभी दर्शक उस व्यक्ति को प्रणाम करते।

स्टेज पर चल रही यह सारी स्थिति देखता हुआ पुंडलिक गवली पहली पंक्ति में बैठा था। परेशान भैंस का 'दुःख' जानने वाले पुंडलिक ने मुँह की पान की पीक थूकी और जोर से चिल्लाया, ''अरे औरत गर्भपात तक पहुँच गई! उसकी कितनी दुर्दशा करेगा रे! अरे मुओ कम-से-कम परदा तो गिराओ !''

परदा गिरा और एक ऐतिहासिक गर्भपात के चंगुल से 'शिव संभव' नाटक सही-सलामत मुक्त हुआ। पोटली से भयभीत दत्तू ने अगले अंक में उसे पेट से उतारकर अलग कर दिया। कोई कितना भी बोले वह एक ही तोतला राग अलापता,

''नाऽऽ नाऽऽ मेरेऽऽ पेऽऽट का क्या किऽऽ सीऽऽ ने नाऽऽ नाप लिया है?''

एक बार एक शौकिया सिख यात्री चंडीगढ़ से मोटर साइकिल से गोवा यात्रा पर निकला था। उसकी गाड़ी हमारे गाँव में खराब हो गई। रात में किसी समय वह गाँव में आया। किसी ढाबे में खाना खाकर उसने रात गुजारी। सुबह वह औजार लेकर गाड़ी की गड़बड़ी सुधारने में लग गया।

हमारे यंत्रमहर्षि दत्तोपंत 'प्रातःविधि' संपन्न कर खाली लोटा हाथ में लटकाए लौट रहे थे। बंद गाड़ी देखते ही दत्तू अपने स्वभावानुसार रुका। ''क्यूँऽऽ सऽऽ सरदारजी, क्या हुआ गाड़ी कूँ ?'' दत्तू ने उसे 'शुद्ध' हिन्दी में पूछा।

नीला साफा बाँधे हुए सरदारजी ने दत्तू को निहारा। लट्ठे का पैजामा और सफेद हाफ शर्ट पहना, पैर में चप्पल नहीं, गँवार दत्तू को देखते ही चिढ़े हुए सरदारजी ने उपेक्षा से कहा, ''जाओ अपना काम करो! यह तुम्हारा काम नहीं!''

''मुऽऽ मुझे जऽऽमता है क्या देखूँऽ तो।'' कहते हुए दत्तू ने हाथ का लोटा नीचे रखा।

सरदारजी गाड़ी जाँचकर हैरान हो गया था। उसकी खराबी उसे पकड़ में न आती।

दत्तू ने गाड़ी को हाथ लगाया और पाँच मिनट में ही खड़ा होता हुआ सरदारजी से बोला—''माऽऽ माऽऽ माचिस है, सरदारजी ?''

''अरे, हम सिगरेट नहीं पीता!'' सरदारजी ने झटकते हुए कहा।

''मऽऽ मगर हऽऽम पीता है।'' दत्तू रौब जमाता बोला।

''डिऽऽडिऽऽ डिफेक्ट मिल गया। मऽऽ मऽऽ मगर पीला हाऽऽ हाऽऽ हाथी लाओ।'' ऊँची कद-काठी के सरदारजी को वेटर समझने-सा दत्तू ने ऑर्डर दे डाला।

सरदारजी चौंककर बोला, ''मिल गयाऽ!''

हाथ से तीली जलाकर व उँगलियों से होंठों में सिगरेट दबाने की एक्शन दत्तू ने की।

सरदारजी चुपचाप पान की दुकान के पास गया। पीला हाथी और दीया-सलाई का पैकेट दत्तू के लिए ले आया।

दत्तू ने धुएँ के गुब्बारे उड़ाये और अपने-आपको नेट विमान तैयार करने वाले डॉ. घाटगे समझने के ठाठ में सरदारजी को बताया, ''चैऽऽ चैऽऽ चैन टूट गया है इसका।''

यह सुनकर सरदार का चेहरा यूँ उतर गया ज्यों किसी ने जूते से पीटा हो। अब चैन टूट गई तो इस छोटे से गाँव में दूसरी चैन कहाँ से मिलेगी ? अब बस पकड़कर कोल्हापुर जाना चाहिए। फिर साठ मील पीछे जाकर लौटना होगा।

''डऽऽ डऽऽ डरो मत। हऽऽ हऽऽ हम ठीक कऽऽ करेंगे इस लौंडी को।'' बीत्ता-भर दत्तू ने हाथ-भर सरदार का धीरज बँधाया।

सिगरेट का टुकड़ा फेंककर दत्तू गाड़ी से भिड़ गया। टूटी चैन उसने बाहर निकाली, उसका प्रत्येक जोड़ जाँचा-परखा। फिर पिसे टेलर की दुकान से टेप लाकर उसके प्रत्येक जोड़ का बारीक नाप लिया। स्वयं से ही वह बुदबुदाने लगा।

''चऽऽ चलो'' सरदारजी की ओर बिना देखे ही उसने आदेश दे डाला। गुरुनानक के पीछे-पीछे चलने-सा वह दत्तू के पीछे हो लिया। दोनों बालकू बढ़ई के घर गये।

बालकू को अहरण के फौलादी स्टैण्ड पर घन मारने से पूर्व गले के नीचे देसी उतारने की आदत थी। अभी वह पीकर ही बैठा था।

खाकी पोशाक में ऊँचे कद वाला सरदार यात्री को देखते ही बालकू चौंक गया। जलती धौंकनी अपने बेटे को सौंपते हुए वह सामने के कमरे से भीतर चला गया। चतुर दत्तू ने यह ताड़ लिया। वह बाहर से ही बालकू बढ़ई को धीरज बँधाता बोला, ''अरे ओ बाऽऽ बाऽऽ बालकू मामा, बाहर आओ। यह साऽऽ साऽऽ साहब नहीं हैं।''

बालकू बाहर आया। उसे आँख मारते हुए दत्तू बोला, ''अरे, ये लोग दिऽऽ दिऽऽ दिखने में बलवान ही लगते हैं। बऽऽ बऽऽ बहुत लड़ने वाली जाति है यह। थोड़ा संडसा देना। इसकी चैऽऽ चैऽऽ चैन जोड़नी है।''

दत्तू ने चैन धौंकनी के उपर अंगारों पर रख दी। एक मोटी टीन का टुकड़ा चैन के आकार का काट लिया। चैन लाल होते ही संडासी से बाहर निकालकर उसने सरदारजी से कहा, ''हाँ, सरदारजी, उऽ उऽऽ उठाओ घन !''

सरदार चुपचाप आगे बढ़ा। दत्तू के निर्देश पर घन बरसाने लगा। चैन का जोड़ अनायास ही जुड़ गया। उसे पानी में डालकर ठंडा किया। सरदारजी द्वारा दिए सिगरेट के पैकेट में से एक सिगरेट बालकू को दी। एक अपने हाथ में रखी। तीली खर्च न कर सामने से संडासी से एक अंगारा उठाया। दोनों धुएँ के छल्ले उड़ाने लगे।

हँसते हुए दत्तू ने बालकू से कहा, ''देऽ देऽ देखा न, बाऽऽ बाऽऽ बालकू मामा ये लोग कितने लड़ाकू होते हैं। घऽऽ घऽऽ घन भी नहीं उठा सकता यह पट्ठा ! बऽऽ बऽऽ बहुत फूला हुआ है रे ये।'' सरदारजी को देखकर दत्तू ने धुएँ का गुब्बारा छोड़ा।

सरदार यह भाँप गया कि ये दोनों इसी के बारे में बातें कर रहे हैं। उसने पूछा—''क्या हुआ मैकेनिक ?''

''कुछ नहीं, इसको बताया—''तुऽऽ तुऽऽ तुम लोग किऽऽ कितना शूर है !''

सरदार प्रसन्न हुआ। उसने मूँछें ऐंठीं। दाढ़ी की जाली ठीक की।

दत्तू ने जोड़ी हुई चैन सरदारजी की गाड़ी को लगा दी। वह ठीक फिट बैठी।

''हाँ, करो टेऽऽ टेऽऽ टेस्ट!'' दत्तू ने गाड़ी की ओर इशारा करते सरदारजी से कहा। सरदार गाड़ी पर न बैठता। दत्तू द्वारा देसी तरीके से लगाई चैन पर उसे शंका थी।

"क्या हुआ ?" दत्तू ने पूछा।

"अरे यह फिर से टूटा तो गड्ढे में डालेगा हमें।"

"उऽऽ उसके लिए कलेजा लगता है, भगत सिंह के बऽऽ बऽऽ बच्चे!" कहते हुए दत्तू ने टाँग डाल दी। कॉक खोलकर गाड़ी को किक दी। फट्-फट् करता दत्तू गाड़ी के साथ पल-भर में उड़ गया। तीर की तरह चार मील की सैर कर लौट आया।

सरदारजी का डर खत्म हुआ। "ए मैकेनिक, गोवा आता है ? मजा करेंगे।" सरदारजी खुश होकर बोले।

दायें हाथ का अँगूठा होंठों की ओर ले जाते हुए बोतल का संकेत करते दत्तू ने पूछा, "पेऽऽ पेऽऽ पेट्रोल देगा क्या ?"

"चल बैठ, कैसा मैकेनिक मिला रे तू ?" कहते हुए सरदारजी ने दत्तू को पिछली सीट पर बैठने का इशारा किया। पास ही खड़े कांति के हाथ में लोटा देता हुआ दत्तू बोला, "धऽऽ घर में बता देना। गोवा गया।"

इस तरह शौच के लिए बाहर गया दत्तू, सरदारजी की गाड़ी की मरम्मत कर, लट्ठे के पैजामे से ही उसके साथ गोवा के लिए चल पड़ा।

आठ दिन में वे दोनों लौट आए। अपने हाथ का कड़ा दत्तू के हाथ में पहनाता हुआ वह भारी आवाज में बोला, "केड़ा मैं चंडीगर दा, केडा तू आजरे दा। याद रख, चंडीगर आ कभी।" और दत्तू से सरदारजी लिपट गया।

दत्तू जैसा अजीब शिकारी, पूरी शिकारी दुनिया में नहीं होगा। निपुण शिकारी, बाघ, जंगली जानवरों का रोमहर्षक शिकार करते हैं। परंतु दत्तू अपने शिकारी साथियों का ही एक बार शिकार करने वाला था।

दिगू, नारायण, पावणा, ढोरके कृष्णा समेत चार-पाँच लोग साथ लेकर एक जीप सहित दत्तू अंबोली के घाट में शिकार के लिए उतरा। उसने बहुत बड़ी योजना बनाई थी। डबल बैरल की दो बंदूकें, जीप, सिर पर शिकार ढूँढ़ने के लिए सर्चलाइट आदि-आदि तैयारी के साथ निकला।

यह सर्चलाइट दत्तू ने ही तैयार की थी। एक पुराने ट्रक की लाइटकेस निकालकर सेल पर उससे तेज रोशनी फैले, ऐसी व्यवस्था दत्तू ने अपनी कल्पनाशीलता से तैयार की थी। सच तो यह था कि वह कितनी उपयोगी है, यही बात इस शिकार से दत्तू 'टेऽऽ टेऽऽ टेस्ट' करने वाला था।

शिकारी दल अंबोली की घाटी में उतरा। रात उतर आई। जीप के ऊपर का टप मोड़कर पीछे डाल दिया। दत्तू ने अपने माथे पर पनडुब्बी की तरह 'दत्तू मेड' सर्चलाइट बाँधा। जीप घाटी के घुमावों पर दौड़ती। इस जंगल में जानवर सड़क के किनारे आते हैं। कभी-कभी सड़क पर भी आ जाते हैं।

शंकर ड्राइवर खतरनाक मोड़ों पर जीप दौड़ाने लगा। दत्तू माथे पर लगी सर्चलाइट घुमाने लगा। दिगू, नारायण, पावणा ने डबल बैरल की बंदूक तान ली।

काफी समय निकल गया, जानवर दिखाई न देते। सब निराश हो गए। दत्तू अपने सर्चलाइट में आज जानवर देखना चाहता था। कुछ अचानक सूझने-सा दत्तू शंकर ड्राइवर से बोला, ''उऽऽ उऽऽ उस्ताद, जीप का लाऽऽ लाऽ लाइट डिम करो। तुऽऽ तुऽऽ तुम्हारे लाइट से जानवर बिदकते हैं।''

''अरे दत्या, औरत के बालों की चोटी की तरह ये मोड़ हैं। सबको मारने का इरादा है।'' शंकर एक मोड़ कुशलता से पार करता बोला।

''बेऽऽ बेऽऽ बेकार सर्विस की, मिऽऽ मिऽऽ मिल्ट्री में उस्ताद ! तू यह लाइट पकड़ मैंऽ मैंऽ मैंऽ स्टेअरिंग पकड़ता हूँ।'' दत्तू ने उसे डाँटा।

शंकर उसके हाथ में स्टेअरिंग देने को तैयार नहीं था। अंत में तंग आकर शंकर ने जीप के लाइट डिम कर दिए।

विजयी वीर की तरह दत्तू जंगल में अपना सर्चलाइट घुमाने लगा। शंकर आँखों में जान उंड़ेलकर धूमिल रास्तों पर सावधानी से मोड़ पार करने लगा। दिगू, नारायण सावधानी से बंदूक की नली तानकर गोली चलाने की तैयारी में खड़े रहे।

अचानक दत्तू के सर्चलाइट की रोशनी में लाल आँखें सड़क पर चमकीं। संकेत मिला। जीप रुक गई। दत्तू ने बिना हिलाये लाइट स्थिर रखी। सड़क पर एक प्रचंड तेंदुआ आड़ा बैठा था।

तेंदुआ पर गोली चलाई जाए ? चूक जाए तो··· हम कौन-सा मचान पर बैठे हैं!

''दिऽऽ दिऽऽ दिग्या, गोली चला।'' दत्तू ने दबी आवाज में दिगू को निर्देश दिया। पल-भर उसके हाथ की लाइट काँप गयी। तब भी, सड़क पर बैठा तेंदुआ अपनी पूँछ नचाता उठा। उसके शरीर के पट्टे चमक रहे थे। उसने जीप की ओर देखा। इतने में सड़क की दूसरी ओर से गोवा की ओर निकला एक ट्रक 'धुँई धुँई' करता उस मोड़ पर ही आया।

ट्रक और सर्चलाइट की रोशनी से तेंदुआ अकचकाया। ट्रक की ओर पीठ किया हुआ तेंदुआ सड़क से हट जाए इसलिए कर्कश हार्न दिया। उस आवाज से बिदका हुआ तेंदुआ, तेजी से पूँछ हिलाता जीप की दिशा में कदम बढ़ाने लगा।

अब जीप में बैठे दिगू, नारायण, पावणा जैसे माने हुए शिकारी की सिट्टी-पिट्टी गुम हो गई। उनके हाथों में बंदूक होते हुए भी वे गोली न चला पाते। क्योंकि तेंदुआ के ठीक पीछे ट्रक था। गोली लगकर ट्रक में घुस गई तो ? सभी घबरा गए।

''रिऽऽऽ रिऽऽ रिवर्स लो उऽऽ उऽऽ···'' दत्तू 'उस्ताद' कह ही नहीं पा रहा था। शंकर ने रिवर्स लिया। जीप पीछे लेते समय उसकी एकाग्रता टूटी। और 'धड़ाधड़ऽऽ ठोऽऽ' जैसी अजीब आवाजें उठीं। घाटी के किनारे की खाई में जीप लुढ़क गई थी। सभी शिकारियों की घरवालियों का सिंदूर बलवान निकला, इसीलिए उल्टी माचिस की तरह जीप, आम के बड़े पेड़ के तने से टकराकर रुक गई।

दत्तू की सर्चलाइट आकाश के तारे गिन रही थी। दिगू, नारायण की बंदूकों की नली एक-दूसरे से टकराने के कारण 'ठोऽ ठोऽ' की आवाज उठी। शंकर उस्ताद जीप के स्टेअरिंग से छिटककर बाहर फेंके जाने के कारण बच गया था। उल्टे जीप के टायर तेजी से घूम रहे थे।

अजीब-सी आवाज से बिदका हुआ तेंदुआ दहाड़कर पास के जंगल में छलाँग लगाकर गायब हो गया। इसलिए सब कुशल।

ट्रक ड्राइवर ने क्लीनर की मदद से इन अजीब शिकारियों को बाहर निकाला। यहाँ-वहाँ भीतरी चोट लगने के बावजूद दत्तू की जीभ साबुत रही। बाहर आते ही उसने ड्राइवर से पूछा, "सऽऽ सऽऽ सर्चलाइट कहाँ है ?"

ड्राइवर ने कोंकणी में कहा, "मरने दे तेरा लाइट! तेरे प्राणों के लाइट जाने वाले थे। घाटी के भगवान पर नारियल चढ़ा। तेरी हड्डियों के कितने टुकड़े हो गए हैं, गिनकर देख।"

मछलियों को रोशनी आकर्षित करती है, यह जानवर केंचुओं के गल के साथ सेल का जलता बल्ब पानी में उतारने की अजीब युक्ति दत्तू को सूझी। पानी उलीचने की मशीन पर डायनामो लाकर, उसकी भयंकर आवाज रंगमंच पर बिखेरकर स्टेज पर 'लाइट इफेक्ट्स' दत्तू ही दे सकता। साधन-सामग्री मिलना संभव नहीं था, अन्यथा दत्तू ने अपनी लड़खड़ाती जीभ दाँत तले दबोचकर गाँव में हेलीकॉप्टर बाँध दिया होता। निमजगे के बगीचे के मचान से उसे उड़ाकर संतू के 'हिंदमाता' होटल से उड़ाते हुए वह शरारतपूर्ण ढंग से कहता, "संऽऽ संऽऽ संतबा, एक प्लेट भऽ भऽ भजी और एक स्ट्राऽऽ स्ट्राँऽऽ स्ट्राँग चाय। तुरंत !!"

दत्तू ने अपनी अटकती जीभ—पाना, वायसर, व्हील, पिस्टन इन सामग्री के साथ मूकरूप से बोलने के लिए हमेशा के लिए दे रखी है। आश्चर्य होगा परंतु अकेले रहते हुए दत्तू मशीन के पुर्जों के साथ बातें करता है।

कोई स्प्रिंग हाथ से सतत फिसलती है और निश्चित स्थान पर नहीं बैठ पाती तो तंग आकर दत्तू हाथ की चिमटी उसकी ओर नचाते हुए कहता है, "महा री! झूम-झूमकर तेऽरा चलना री—तेरा चलना!" कोई मोटर साइकिल की फट्-फट् ऊँची आवाज, मरम्मत की तमाम कोशिशों के बावजूद यदि कम न होती तो दत्तू उसकी सीट पर एक धौल लगाकर कहता, "अरी काऽ काऽ कांग्रेस में भरती होऽ होऽ गई क्या?"

गरीबी में भी प्रसन्नचित्त। दत्तू की गरीब देहरी पर कभी साक्षात् कुबेर भी आकर उससे पूछता, "दत्तू मिस्त्री, जरा आएँगे क्या?" तो मरम्मत के लिए हाथ में रखी घड़ी में आँखें घुसाए दत्तू तनिक भी गर्दन ऊँची न करके उसको उत्तर देगा, "अभी नहीं, अभी जरा यह टेऽऽ टेऽऽ टेस्ट कर रहा हूँ।"

नारायण पाहुना

जिस प्रकार युद्ध की कथाएँ होती हैं, उसी तरह शिकार की कथाएँ भी 'रम्याः' होती हैं। प्रत्यक्ष शिकार करते देखने की बजाय 'शिकार किस तरह किया' यह सुनाते हुए शिकारी को देखना बहुत मजेदार होता है। आपके पास अपने चेहरे पर, आवश्यकता पड़ने पर, तीन-चार उद्गार चिह्न ओढ़ने की कला यदि होगी तो शिकारी कथा सुनाते समय शर्तिया तौर पर खुलकर सब कुछ बताता है। बाघ, सिंह, हाथी, जंगली जानवर, साही, जंगली भैंसा, सारे 'जानवरों' के भाव ऐसे समय शिकारी की मुद्राओं पर सहज ही उतरते हुए दिखते हैं।

राजनीति में 'सैनिक तानाशाह'-सी एक मजेदार मनोवृत्ति शिकारी में होती है। उन्हें प्रश्न अच्छे नहीं लगते। तकलीफदेह प्रश्न तो बिल्कुल ही नहीं चल सकते। वे तुरंत आपको, 'डरपोक, पूँछ भीतर डालने वाले' इस प्रकार की उपाधियों, जंगली विशेषणों की लाठी पर, मरे शिकार की तरह उल्टा टाँगने में नहीं हिचकिचाते। हमें यह मानकर चलना चाहिए कि सुनाने वाला शिकारी शूर होता है, सेनापति होता है। हम तो केवल छावनी की तरह।

जब सफेदपोश संसार की और उसकी बेस्वाद कथाओं की मुझे ऊब होती है, तब ऐसे ही एक छँटे हुए शिकारी को मैं घर बुलाता हूँ। चाय चढ़ाने की सलाह घर में देता हूँ और आए हुए किसान असामी से कहता हूँ—''क्या नारायण पाहुना, सुना है, इस साल होली के त्योहार पर तुमने एक बड़ा जंगली सूअर मार गिराया ?''

''कितना भारी था भई, दस लोगों के बराबर वजनदार था !'' नारायण पाहुना सामान्य बातों में भी डींगें हाँकता। दस आदमी उठा सकें, इतना बड़ा सूअर उसने मारा है, यह तो उसे बताना था ही, परंतु दस लोग के वजन का जानवर कुछ भी नहीं, ऐसी शेखी भी उसकी बातों में दबी रहती।

'नारायण पाहुना' चतुर और साहरी शिकारी है परंतु उसे देखते हुए कोई नहीं कह सकता कि वह माना हुआ शिकारी होगा। क्योंकि उसके बदन पर फूली हुई अचकन, स्काउट बॉय की तरह खाकी शर्ट या सिर पर हैट, पैरों में 'हंटर शूज' पहने मैंने उसे कभी नहीं देखा।

वह मामूली ऊँचाई का मूल रूप से लाली लिये हुए गोरे वर्ण का था, परंतु

कड़ी धूप में भटकने, काम करने के कारण वह कालिमा चढ़े चाँदी के सिक्के की तरह दिखाई देता। कड़ी, झूलती मूँछें, सुंदर कमान वाली भौहें और घने घुँघराले बालों वाले नारायण पाहुना की पोषाक क्या होगी ? पट्टे वाला एक अंडरवेयर और ऊपर पूरी बाँह का बिना बटन का एक गंदा शर्ट। अंडरवेयर की दायीं जेब—पान-सुपारी की थैली और तमाखू-चूने की डिब्बियों से पूरी तरह भरी होती। वजन के कारण वह हिस्सा झूल जाता। उसे देखकर किसी को भी यही लगता कि वह अभी-अभी अपनी आटे की चक्की बंद करके आया होगा।

नारायण को हम पाहुना कहते थे। दूर के 'शिरोली' नामक गाँव का वह वतनदार देसाई था। हमारी दूर की उससे कोई रिश्तेदारी भी थी। "जाको राखे साइयाँ, मार सके ना कोय।" कहने वाली उसकी दादी और मेरे पिताजी का एक-दूसरे के घर आना-जाना था। इसीलिए हमने उसे 'नारायण पाहुना' कहना शुरू किया और हमारे विज्ञापन स्टंट का सारा गाँव ही शिकार हो गया। सारे गाँव का ही नारायण 'पाहुना' हो गया।

आवश्यकता आविष्कार की जननी होती है, यह तो सच है ही। परंतु 'शौक' भी आविष्कार की जननी माँ हो सकती है। बढ़ती महँगाई के कारण शिकारियों की एक परेशानी बढ़ गई। कारतूस की कीमतें बहुत बढ़ गईं। नारायण पाहुना का शिकार का शौक इस कारण किरकिरा हो गया।

"अरे यह सरकार, यह आदमी अब मिट्टी भी दस रुपये नाप के हिसाब से बेचेंगे।" नारायण ने कारतूस की महँगाई पर अपनी प्रतिक्रिया एक बार मेरे सामने व्यक्त की थी। उसकी समझ में सरकार नामक कोई 'आदमी' होगा, वह भी शिकारी होगा। थोड़ा-बहुत बड़ा आदमी होगा। शायद कारतूस बाजार में लाना उसी का काम होगा।

कीमतें बढ़ने पर 'शौक' फेंक दें तो वह मराठी आदमी कैसे ? नारायण पाहुना ने एक अजीब युक्ति ढूँढ़ निकाली। जो भी शिकार शौकीन उसे मिलता, उससे वह उपयोग की गई खाली कारतूस ले लेता। उसकी पिचकी हुई टोपी निकालकर नई टोपी देसी पद्धति से बिठाकर कारतूस भरता।

एक बार की बात है, मेरी दाढ़ में बहुत दर्द था। गाल इतना सूज गया था कि लगता मुँह में आँवला रखा है। नारायण के बारे में मैंने एक बात सुन रखी थी, वह किसी जड़ी-बूटी की लकड़ी दाढ़ में ठूँसता है, अपनी आँखों पर विश्वास न हो इतना बड़ा विचित्र-सा कीड़ा लकड़ी में घुसेड़कर बाहर निकालता है।

सूजन-भरे गाल पर हथेली दबाता, भयानक ठंड की तरह 'सूऽऽ सूऽऽ' करता मैं नारायण पाहुना के कारतूस के कारखाने में आया। जिस प्रकार अपने आपको भूलकर गेलेलिओ आकाश में आँखें लगाए बैठता, उसी प्रकार नारायण पाहुना कारतूस जोड़ने के पीछे आँखें गड़ाए पड़ा था। निचला होंठ दाँत में, बंदूक की चाप

की तरह दबाकर वह कारतूस की पिचकी हुई टोपी निकालने की धुन में सारी दुनिया भूल बैठा था।

"सूँऽऽ सूँऽऽ..." मैं बिना बोले ही, जिस प्रकार शिकार झाड़ियों में फुफकारता है, उसी तरह आवाज करता हुआ शिकारी का ध्यान अपनी ओर खींच रहा था।

उसने गर्दन ऊपर उठायी। मैंने गाल की ओर इशारा करते हुए दाढ़ का दर्द जताया।

"एक मिनट हँऽ भाई, हाथ के इतने कारतूसों को टोपी बिठा लूँ। फिर लकड़ी घुमा दूँगा।" नारायण पाहुना ने आँखों से ही बेंच पर बैठने का संकेत किया।

मैं बेंच पर बैठ गया। नारायण पाहुना ने कारतूस की टोपी बड़ी सफाई से बिठायी। खोखली नली में थोड़ी-सी बारूद और कुछ छर्रे डालकर, उस पर नारियल की रस्सी का गोला भरकर, एक खूँटी से वह कारतूस ठोंककर हल्के हाथों से उसे ठीक से जोड़ रहा था। ठक्-ठक् के साथ उसके मुँह की धुआँधार बंदूक चल रही थी, "स्साला, जंगल में जानवर नहीं। बाजार में कारतूस नहीं। आदमी की इज्जत नहीं। भीख माँगने की सुविधा नहीं। राजा, यह सरकार—पाहुना दिखाओ ना एक बार। मुड़कर बंदूक चला दूँ उस परऽ!!" मन की बात के दबाव से नारायण पाहुना के हाथ का प्रहार खूँटे पर जोर से पड़ा। उसकी और मेरी समझ में कुछ आए, इससे पहले ही कानों के परदे फाड़ती आवाज उठी—"सननऽऽ न।" धुएँ से सारा ओसारा भर गया। पाहुना के हाथ की कारतूस फूट चुकी थी। उसके छर्रे से हमारी खोपड़ी के ऊपर से दस-बीस खपरैल उधड़ चुके थे। खूँटा एक ओर, ठूँसने का औजार दूसरी ओर और बीच में अंग्रेजी फिल्म की घमासान पिस्तौलबाजी कर-करके घायल होकर गिरा सिपहसालार-सा नारायण पाहुना। क्षण भर अवाक् कर जाने वाला दृश्य ओसारे में बन गया।

दाढ़ का दर्द कपूर-सा उड़ गया। वहाँ से निकलकर वह दिमाग में घुस गया था।

आतंकित चेहरे से मैं नारायण पाहुना को उठाने के लिए आगे बढ़ा। वह बेहोश हो गया था। उसकी झूलती मूँछों का ताव जलकर खाक हो गया था। बारूद के विस्फोट से उसका चेहरा जल गया था। एकाध लापरवाह छर्रा उसके गाल को चाटकर निकल गया था। देखते-देखते कारतूस की आवाज से "क्या हुआ ? कैसा विस्फोट ? साँप पर, बंदूक चलायी होगी उसने," कहते-कहते दस-बीस लोग इकट्ठा हो गए। सब मिलकर नारायण पाहुना को अस्पताल ले गए। ओसारे से बाहर निकालते हुए लगा कि यह यदि थोड़ा भी होश में होता तो अपनी जली मूँछों पर अपनी खुरदुरी उँगलियाँ फेरता हुआ अवश्य कहता, "देखा ना राजा ? मैं क्या कह रहा था ? यह सरकार-पावणा बहुत धमाकेबाज है। बंदूक ही चलानी चाहिए उन पर!"

एक बार संतू मोहिते नामक गाँव के गुणी वैद्य ने नारायण पाहुना को एक नामी 'तोड़' सुझाया।

''काला जानवर यदि जिंदा पकड़ लिया, तो उसके मुँह में अपना बायाँ हाथ तीन बार डालकर बाहर निकालो। हाथ 'गुणी' हो जाता है। बैल को तकलीफ होने पर वह हाथ घुमाने से बैल ठीक हो जाता है। स्वयं आगे बढ़कर जुए में गर्दन डाल देता है।'' 'काला जानवर' अर्थात् जंगली सूअर। उससे जीवित पाकर उसके मुँह में तीन बार 'गलत हाथ' अर्तािथ् 'बायाँ हाथ' डालना है। चिकित्सा शास्त्र के अनुसार वह हाथ 'गुण-सम्पन्न' हो जाता है। बैलों की तकलीफ ऐसे हाथ के स्पर्श से ठीक हो जाती है। है न अजीब तोड़ ?

यह 'तोड़' नारायण पाहुना के कानों में पड़ा और उसने अजीब युक्ति लगानी शुरू कर दी। जंगल में शिकार करते समय उसे मनपसंद अवसर मिल गया। उसके गोली चलाने पर एक जानवर दर्द से उछलकर जान बचाने के लिए आर्तनाद करता हुआ नदी किनारे के कीचड़ में फँस गया। कीचड़ से छुटकारा पाने के लिए सूअर छटपटाता रहा। जख्मी होने के कारण वह सारी शक्ति से हाँफ रहा था।

नारायण पाहुना उसकी आवाज की दिशा में अपने शिकारी दल के साथ नदी किनारे आया। उनमें से किसी ने उस उन्मत्त, जख्मी जानवर के शिकार हेतु बंदूक उठाकर निशाना लगाने के लिए कंधे से लगायी। उसकी नली तपाक से नीचे करते हुए अपने साथी पर डपटती नजर घुमाते हुए नारायण पाहुना उससे बोला, ''हः, बंदूक नीचे करो ! जानवर मेरा है।''

कोई भी शिकारी उसकी विचित्रता नहीं ताड़ पाया। एक झटके से पाहुना ने अपने कंधे की बंदूक उतारकर एक छोकरे के हाथ में थमा दी और सबकी साँस अधर में छोड़कर वह नदी के कीचड़ में घुस गया।

''पाहुनाऽ, अरे क्या कर रहा है! अरे जानवर ज़िंदा है!'' उसका एक साथी चिल्लाया।

''चुप्पऽ ! चिल्लाओ मत। टॉर्च की रोशनी फेंको गुमान !'' नारायण पाहुना सबको पीछे धकेलते हुए भयानक कीचड़ को रौंदते हुए जानवर की ओर बढ़ने लगा। उसे करीब आते देखकर जंगली सूअर डरकर आक्रोश करता हुआ अजीब आवाज निकालने लगा। नजदीक जाते ही पाहुना ने उसके मुँह पर एक सनसनाता मुक्का रसीद किया। नदी किनारे खड़े सारे 'शिकारी' यह देखकर काँप गये। कीचड़ में फँसे सूअर से संघर्ष कर उसे परास्त कर पाहुना ने उसके तेज दाँतों से भरे मुँह में अपना हाथ डाल दिया। डालने के बाद उसके ध्यान में आया। गड़बड़ हो गई थी। गलती से 'दायाँ' हाथ जानवर के मुँह में डाल दिया था। कीचड़ में पिच से थूककर वह स्वयं की ही हजामत करता हुआ बोला, ''धत् तेरे की नारायण पाहुनाऽ! बेटा, 'गलत' कहते हुए भी 'सही' हाथ डाल दिया मुँह में।''

आधा घंटा उस 'अधमरे' सूअर के साथ संघर्ष करने के बाद नारायण पाहुना ने उसके 'जीवित' मुँह में बायाँ हाथ तीन बार डालकर बाहर निकाला।

कीचड़ से सना पाहुना 'उतारा' पाने के बाद संतुष्ट होकर नदी से बाहर आया। कोई कुम्हार बहुत बड़ी मारुति की मूर्ति बनाये और अधबनी रह जाने पर जैसी दिखे, वैसा ही वह दिख रहा था।

"अरे, अब तो गोली चलाएँ जानवर पर।" उसकी ओर देखकर किसी ने साहस किया।

बीस हजार रुपये मुफ्त में उपलब्ध करवाने वाले शान से कुश्ती खेलने वाले, अपने प्रतिस्पर्धी की ओर कोल्हापुरी पहलवान ज्यों देख रहा हो, उसी तरह नदी में घायल शिकार की ओर देखता पाहुना बोला, "अरे, देवी का हो गया अब वह जानवर! उस पर क्यों, अब मुझ पर ही गोली चलाओ !"

यह सब क्योंकर किया, यह बात पाहुना ने किसी को नहीं बतायी।

दूसरे दिन सुबह उठकर उसने नदी पर स्वच्छ स्नान किया। अपने ही दाहिने हाथ से 'उतारा' प्राप्त होने के कारण 'गुंणी' समझकर अपने बायें हाथ की सिंदूर-फूलों से पूजा की।

नारायण पाहुना का गाँव-गाँव दौरा प्रारम्भ हुआ। बैलों के दु:ख-दर्द दूर करने के लिए। उसके शिकारी साथियों ने चारों ओर खबर फैला दी, "पाहुना का हाथ गुणी हाथ है। केवल बैल पर हाथ फेरने से ही बैल दहाड़ते हुए उठ बैठता है।" पर यह बात काफी दिनों तक नहीं टिक पायी। पाहुना ने सैकड़ों बैलों की गर्दन, पीठ पर हाथ फेरा, परन्तु कोई भी ठीक नहीं हुआ।

फिर एक दिन वैद्य संतू मोहिते को भरे बाजार में घेरकर पाहुना ने उसे, शिकारी कुत्ते जिस तरह झपट्टे से सूअर पर टूट पड़ते हैं, वैसे ही पकड़ लिया, "अरे, वैद्य है या हज्जाम! घुसेडूँ क्या तेरे मुँह में बायाँ हाथ तीन बार ?" भौंहे चढ़ाते पाहुना ने उसे डपटते हुए पूछा, परंतु संतू मोहिते बासठ औषधि का झाड़-पत्ता खाया हुआ 'नामी' वैद्य था। वह उसके काँधे पर हाथ रखता बोला, "अरे हिम्मत मत हार ! तेरा 'उतारा' ही मूल रूप से दोषी है। बायाँ हाथ डालने के लिए कहा था उस जगह तूने 'खाना खाने का' हाथ पहले डाला। 'उतारा' इसी कारण 'रुक' गया बाबा! अरे बाबा उसका बड़ा खयाल रखना पड़ता है।" मोहिते ने पाहुना को अष्टमात्रा घुट्टी पिला दी। इस पर नारायण पाहुना कुछ नहीं बोला। परंतु मुझे उसका संवाद सुनने पर लगा कि पाहुना अब फिर नदी पर जाएगा। स्नान करेगा और पैरों के जूते हाथ में लेकर दो प्रहार अपने ही दायें हाथ पर करता स्वयं से कहेगा, "अरे स्साला, कहीं भी आगे-आगे करता रहता है।"

कुछ लोग सर्वसामान्य की तरह आसपास के समाज में रहते हैं, परंतु उनका विचित्र दिमाग किसी भी बुद्धि की पहुँच से आगे एक अजीब-सी दुनिया में भटकता रहता है। नारायण पाहुना उसमें से छँटा हुआ ग्रामीण अर्क !

एक कोल्हापुर के पास की कदमवाड़ी का जादूगर खेल दिखाने आया। तपकर

अभी-अभी पूरा पककर, भट्टी से कुम्हार ने निकाला हो, इस तरह लाल सुर्ख दिख रहा था। कोढ़ होने के कारण लाल दिखने वाली देह को 'मैच' करने के लिए उसने मेहँदी का रस लगाकर बालों को भी लाल कर लिया था। गाँव के चौक में अपनी जादुई पोटलियाँ और नाग-साँपों की टोकरियाँ सजाकर उसने डमरू की तड़-तड़ आवाज घुमायी। आड़ी बाँसुरी पर व्याकुल, पर स्पष्ट स्वर छेड़ा—"मन डोले रे, तन डोले रे, दिल खा गया करार रे···।"

नारायण पाहुना बाजार से चूना लाने गया था। उसे बगल में रखकर अंडरवियर की जेब में हाथ डालकर वह तमाशा देखने खड़ा था। जादूगर मजाकिया था। बीच में ही लड़कों पर हुक्म चलाता, "सब बच्चा लोग ताली बजाओ।" मुफ्त का खेल देखते हुए, प्रसन्न होकर बच्चे उसका हुक्म मानते।

जादूगर ने अपने अंतिम 'रोमांचक' खेल की शुरुआत की। अपने साथ लाए लड़के की आँखें कपड़े से बाँधकर उसने उसे जमीन पर लिटाया। जादूगर आसपास की भीड़ पर नजर घुमाते हुए सवाल-जवाब की तान उठाते हुए लड़के को कहने लगा, "ए बाबू, इदर आओ!"

"आ गया।" लड़के ने प्रत्युत्तर में कहा।

"ये बाबा के हाथ में क्या है ?"

"थैला।" लड़के ने अचूक उत्तर दिया।

"उसका रंग क्या है ?"

"सफेद।"

"ठीक! कैसे पहचाना ?"

"ताबीज से !" लड़का पटाखे की तरह तड़ातड़ अचूक उत्तर देता। वह देखते हुए नारायण पाहुना चौंका। उसे इस सारी घटना में कोई 'चालबाजी' दिखाई देने लगी।

"अरे, जादूगर !" नारायण ने आवाज दी।

जादूगर उसकी ओर बढ़ता हुआ बोला, "क्या है ?"

"यह तेरा बंगाली बाबू, मेरे हाथ में क्या है, क्या इसे ठीक-ठीक बताएगा ?" नारायण पाहुना शरारती अंदाज में बोला।

"हाँ-हाँ, पहचान लेगा ताबीज से।" जादूगर ने सबके सामने पाहुना की चुनौती स्वीकार कर ली। भीतर ही भीतर बड़बड़ाते हुए उसने डमरू घुमा दिया।

"दे उसे आवाज !" नारायण पाहुना सोये हुए लड़के की ओर इशारा करता बोला।

"ए बंगाली बाबू !" जादूगर सुर मिलाने लगा।

"हाँ" लड़के ने साथ दिया।

"इधर आओ।"

"आ गया।"

"यह मूँछ वाला बाबा क्या बोला ?"

"बोला, हमारे हाथ की चीज पहचानेगा क्या ?"

"ठीक, कैसे पहचाना ?"

"ताबीज से।"

जादूगर नारायण पाहुना के पास कुछ बुदबुदाता खड़ा रहा। पाहुना अब हाथ में कोई चीज रखेगा। अंदाज बाँधने के बाद बुदबुदाते हुए कोई संकेत-सुर छेड़ सकेगा। फिर आँखें-ढँका बाबू उस वस्तु का नाम 'ठीक-ठीक' बताएगा। 'बच्चा लोग' ताली बजाएगा !

नारायण पाहुना एक क्षण सोच में पड़ गया और फिर तपाक से आगे बढ़कर जादूगर के बोरे पर गुलाल लगाकर सजायी गई खोपड़ी ही उठा ली। देखने वाले सब लोग आश्चर्यचकित हो गए। जादूगर की बड़बड़ाहट गले में अटक़ गई।

कुश्ती जीतने वाले पहलवान की तरह शरारती हँसी विखेरते हुए नारायण पाहुना ने स्वयं ही बंगाली बाबू को आवाज दी, "ए बंगाली बाबू, बताओ मेरे हाथ में क्या है?"

पोल खुलने के डर से जादूगर लाल बालों का गुच्छा पीछे फेरते हुए नारायण पाहुना की ओर लपका, उसके हाथों की खोपड़ी छीनकर डाँटता हुआ बोला, "गँवार, मरना है क्या ? यह मंतर का है।"

"अरे मालूम है, तेरा मंतर ! तुम लोग अपना असली मंतऽर किसी को नहीं बताते।" पाहुना ने अपनी कमीज पर गिरा गुलाल झटकते कहा।

खेल खत्म! तमाशबीन छितराये। जादूगर ने अपने लड़के को नारायण पाहुना के चंगुल से छुड़ाकर अपनी ओर बुलाया। एक अफलातून 'मंत्र' उसने पाहुना के कान में छोड़ा, "मर्द हो बेटे। मंतर सुनो।"

जादूगर ने नारायण पाहुना को मंत्र बताया, "अमावस की पहली रात को एक जिंदा उल्लू पकड़ो। उसके सभी अंगों की एक सूची बनाओ। अमावस की आधी रात को उल्लू को नहलाओ। स्वयं तुम नहाओ। प्रसाद के रूप में दारू पिलाओ। एक-एक अंग का नाम लेकर बेल-पत्ती प्रत्येक अंग पर रखो। उल्लू आदमी की तरह बातें करने लगेगा। अपने किस अंग के किस असाध्य रोग पर उपाय है, यह वह बताता है। गले पर पत्ती रखने पर कहता है, 'मैं तुम्हें लेने आया हूँ।' तुरंत उसका गला काट डालना होता है।"

नारायण पाहुना को 'मंतर' देकर जादूगर चला गया। पाहुना ने अपनी चतुर आँखों से गाँव के बाहर के एक बड़े बरगद के पेड़ पर उल्लू के बैठने का खोह-ठिकाना ढूँढ़ निकाला। घोड़े की पूँछ के बालों की दस-बीस सरक गाँठें बनाईं। अमावस के पहले दिन पाहुना ने किसी को कानोकान खबर न लगने देते हुए उस पेड़ पर चढ़कर खोह के मुहाने पर सरक गाँठ बिछा दी।

दूसरे दिन बहुत सवेरे जाकर फँसे हुए उल्लू को थैली में डालकर घर ले आया।

पड़ोस में रह रहे फारेस्ट गार्ड की पत्नी ने पूछा "यह कौन-सा पक्षी है ?"

"यह राजहंस है। हवेली में रहता है।" पाहुना ने उस महिला को उत्तर दिया।

अमावस की आधी रात को नारायण पाहुना ने उल्लू को स्नान कराया। उसे कपड़े से पोंछ डाला। 'स्नान' की आदत न होने के कारण एक-दो बार उल्लू डरकर चीत्कार उठा। इससे सोये हुए पड़ोसियों ने डरकर करवटें बदलीं।

एक पीढ़े पर उल्लू को बैठाकर, स्नान किये हुए पाहुना ने उसकी पूजा की। बगल में धार लगाई हुई छुरी थाली में तैयार रखी थी। एरंड के पत्ते की नली बनाकर वह उल्लू को दारू पिलाने लगा। बायें हाथ में अंगों की सूची, दायें हाथ में बेल-पत्ती, इस ठाठ में आधी रात को पाहुना उल्लू के सामने जमकर बैठा था।

पहले से ही उल्लू की लाल आँखें, पेट में दारू पड़ते ही घुँघची की तरह और लाल सुर्ख हो गईं। आँखें तरेरते हुए उल्लू पंख पसारने लगा। पाहुना उसके पैर के नाखून के पास बेल की पत्ती रखकर डाँटने लगा, "मुझे तेरे नखरे मालूम हैं। बोलऽ नख पर क्या है?"

उल्लू कुछ न बोलता ! बोलने वाला था ही नहीं। वह खोह में है या सारी खोह उसमें उतर रही है, इसका अंदाज ही वह न लगा पाता !

चार घंटे बीत गये। पाहुना वहाँ से नहीं उठा। तंग आ गया। अब नींद के चक्कर में पाहुना और दारू के सरूर में उल्लू दोनों ऊँघने लगे।

मुर्गे की बाँग से पाहुना चौंककर उठा। उसने एक भद्दी-सी गँवई गाली उल्लू पर फेंकी। फिर उसे थैली में डालकर गाँव के बाहर छोड़ आया।

उसके बाद गाँव में जादूगर कभी नहीं फटका। यदि वह कभी गाँव आया तो मुझे यकीन है कि नारायण पाहुना उसकी मंतरवाली खोपड़ी उठाकर उस जादूगर की खोपड़ी पर दे मारेगा।

'लेव्ही' लागू होने का लाभ उठाकर चावल की चोरी-छिपे आवाजाही करने वालों की ऐसी ही फजीहत नारायण पाहुना ने की। होमगार्ड के खाकी कपड़े पहने सात-आठ युवकों को लेकर पाहुना हमेशा की तरह शिकार खेलने गया था। शिकार ढूँढ़ने के लिए अपने हाथ की शक्तिशाली टॉर्च की रोशनी वह जंगल में चारों ओर फेंक रहा था। उस रोशनी में बोरे से लबालब भरी एक बैलगाड़ी दिखाई दी।

चोरी-छिपे चावल का व्यापार करने वाले व्यापारियों को लगा कि उन पर पुलिस ने छापा मारा है। उन्होंने बैलों की थुथनी घुमाई और आगा-पीछा देखे बिना दाँत चबाते हुए बैलों को दौड़ाना शुरू किया।

पल भर में उस सुनसान जंगल में भयानक आवाज उठी। दस-बीस हाथ गहरे गड्ढे में वे सब बैलगाड़ी के साथ गिर पड़े थे।

नारायण पाहुना आवाज की दिशा में टॉर्च जलाते हुए दौड़ने लगा। जख्मी चोर, डर के मारे "भागो, पुलिस आई रे !" कहते हुए, बैलगाड़ी, चावल के बोरे खड्ड

में छोड़कर भागने लगे।

नारायण पाहुना ने खड्डु में उतरकर पहले बैल खोले और उन्हें ऊपर निकाला। सबकी मदद से गाड़ी ऊपर लाया। इधर-उधर गिरे चावल के बोरे फिर गाड़ी में चढ़ाए। बैलों को पानी पिलाकर तरोताजा किया। सारे शिकारियों की टोली लेकर नारायण पाहुना गाड़ी पर सवार हो गया। बैलों की रास अपने निपुण हाथों में लेकर उसने भरी हुई गाड़ी सीधे पुलिस चौकी में पहुँचाई। बैल किनके हैं, यह उन्होंने पहचान लिया था।

उन चोरों के दरवाजे पर गाड़ी खड़ी कर नारायण पाहुना ललकारने लगा— ''अबे ओ नन्हकू बाहर आओ ! शिकार लाया है रे।''

नन्हकूलाल बाहर आया और अपने बैल और गाड़ी देखकर उसका चेहरा, जूतों से मालिश करने-सा लग रहा था।

नारायण पाहुना की दादी ने उसे रामायण, महाभारत, पुराण के पुरुष-पात्रों की दिलचस्प कहानियाँ सुनाई हैं। वक्त-बेवक्त वह उन कहानियों के उदाहरण देता है। खींचतान कर उनका संबंध प्रचलित जीवन से जोड़ता।

एक बार वह मारी हुई हिरणी छील रहा था। उस हिरणी के पेट से एक बच्चे की थैली उसने बाहर निकाली। मेरे रोंगटे खड़े हो गये। उस दृश्य से घिन आई। मैंने उससे कहा, ''यह पाप कहाँ धोओगे ?''

मुँह की तंबाकू की पीक डालता वह गीता, उपदेश करने वाले श्रीकृष्ण की मुद्रा में बोला, ''किसी की भी जीवन स्थिति इस खेल की तरह होती है। केवल प्राण जीवित होते हैं। यह बच्चा कितना तकदीर वाला है। कुछ भी न भोगते हुए एक जन्म से मुक्त हो गया।'' मुझे उसके इस अजीब दर्शन से कोफ्त हुई। मैं क्रुद्ध होता हुआ बोला, ''फिर तेरे शरीर की खोल इस आहाते पर सुखाने के लिए डालें ?''

कुछ भी न कहते हुए वह हाथों की हिरणी के बच्चे की थैली थाली में रखकर उठा। दीवार के सहारे रखी बंदूक उठाकर मेरे सामने लाते हुए बोला, ''चलाइए गोली मुझ पर ! और फेंक दीजिए मेरा शरीर इस हिरणी के बच्चे के साथ कचरे के ढेर में।''

मैं उसकी ओर देखता रहा। बंदूक फिर दीवार के सहारे रखते हुए नारायण पाहुना हिरणी को ठीक करता हुआ मुझे समझाते हुए बोला, ''साहब वो बात नहीं। किसी भी प्राणी की मौत उसकी साँस के साथ-साथ होती है। दिन पूरे हुए बिना कोई किसी को नहीं मार सकता।''

ऐसा है नारायण पाहुना। अजीब अफलातून ! इसीलिए जब-जब सफेदपोश दुनिया की बेस्वाद कथाओं से मन ऊब जाता है, तब नारायण पाहुना को मैं बुला लेता हूँ। घर में चाय चढ़ाने के लिए कहकर, उसे मुखर करने के लिए मैं उसे पूछता हूँ, ''क्या नारायण पाहुना सुना है, इस साल तुमने बहुत बड़ा जंगली सूअर मार गिराया··?''

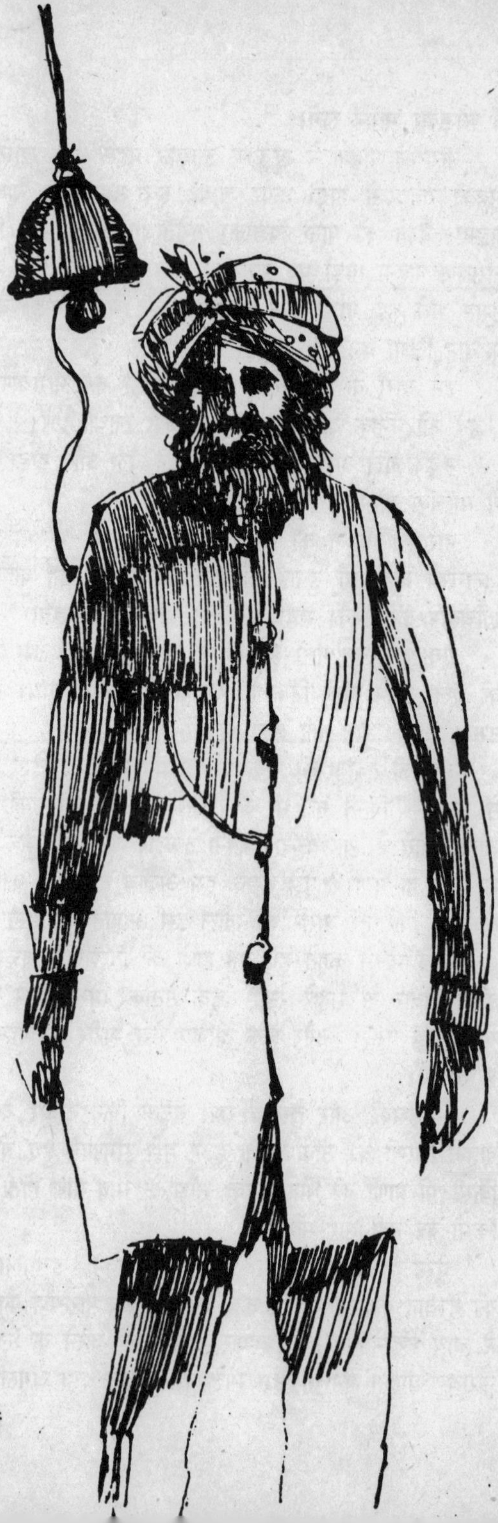

मामू

''घन, घन, घनऽऽ।'' बड़े घंटे पर लगातार प्रहार होता रहता है। चैतन्य के छोटे-छोटे अंकुर उछलते-कूदते हवेली के प्रार्थना मंदिर की ओर एकत्र होने लगते हैं। संतुष्ट मुद्रा में मामू स्टूल से नीचे उतरता है।

कतारों में खड़े अनगढ़, कोमल कंठ हाथ जोड़कर और आँखें मूँदकर अज्ञात शक्ति को हासिल करना चाहते हैं, ''ॐ असतो माऽ सद्गम्य···''

मामू एक पत्थर के खंभे से टिककर चूने-सी सफेद दाढ़ी में उँगलियाँ फेरते हुए वह समूह प्रार्थना सुनता रहता है। उसका मन किसी चीज में लगा रहता है।

प्रार्थना समाप्त होती है। 'जन गण मन' का संकेत मिलता है। खंभे से टिके मामू पैर सटाकर सावधान की मुद्रा में खड़ा रहता है।

मामू इस स्कूल का एक अंग हो गया है। पिछले चालीस वर्षों से अपने अलिबाबा के हाथों से घंटा बजाकर, इस प्रकार के चैतन्य के अंकुर नचाता रहता है। कोल्हापुर राज्य के राजाराम महाराज के जमाने में मामू की नियुक्ति की गई। उन्होंने दो राज्य देखे—राजाओं का और लोकतंत्र का। कोल्हापुरवालों की कई पीढ़ियाँ देखीं।

वैसे मामू पहलवान स्वभाव का। महाराज के जमाने में हवेली में शाही खुराक लेकर कुश्तियाँ खेलीं, परंतु व्यक्ति के जीवन की कोई बात उसके बस में नहीं होती, यही सच है। अल्लाताला को जो मंजूर होगा उसे नाचीज इन्सान झुठला नहीं सकता। मामू की यही श्रद्धा है।

राजा के जमाने में मामू की नौकरी मजे से चली। तब प्रतिभा की कीमत थी। कभी खुश रहने पर मामू बीड़ी सुलगाकर बताता है, ''कैसा राज है ये सर? उस जमाने में इस हाई स्कूल के जीने पर लाल रंग की कालीन बिछी देखी है सर। कोल्हापुर में गोरा साहब आया। उसे लिनलिथगो कहते। उसके सामने महाराज का मुजरा कर मैंने तलवार भाँजी। महाराज ने साहब के सामने साफा बाँधा है, इस सिर पर!''

मामू की बात सही है। उस ज़माने में हवेली के नौकरों को जो खाने के लिए मिलता था, वह अब अच्छे-अच्छे को देखने के लिए भी नहीं मिलता है। राजा की केवल एक अपेक्षा थी, ''बेटो, खाओ, पर ईमानदार रहो।''

मामू की सफेद दाढ़ी में जितने बाल हैं, उतनी उनकी यादें होंगी। बहुत देखा और भोगा है उसने। महाराज का मुकाम पन्हाला किले में होता तो मामू को भोर में ही उठकर साथियों के साथ चौदह मील चलना पड़ता। परंतु यह याद सुनाते समय उसकी दाढ़ीधारी मुद्रा में कहीं भी वेदना नहीं झलकती। उल्टे एक सच्चे सेवक को शोभायमान अभिमान-गर्व की झालर उसके चेहरे पर उतरती है। आँखें बारीक करते हुए, भौंहें आतंकित कर उसकी बूढ़ी देह का उत्साहित मन बोल जाता है, ''सर भोर के कोहरे में पन्हाला की चढ़ाई बहुत मजेदार होती। अब भी इच्छा होती है, पर संभव नहीं है।''

रियासतें विलीन हुईं। और ऐसा ईमानदार नौकर-वर्ग बिखर गया। इसी बीच मामू इस स्कूल में आया—एक चपरासी के रूप में।

सिर पर लाल फूलों वाले रंग का साफा, नेहरू कुर्ता और गहरे नीले रंग का जाकिट, जाकिट की जेब में चाँदी की चेन में एक पुरानी जेबघड़ी, नीचे चूड़ीदार पायजामा, पैरों में पुराना पंजशू—यह मामू की पोशाक।

स्कूल में वह चपरासी है। पर स्कूल के बाहर वह विविध भूमिकाओं में है। कहीं फलों के बाजार में किसी बगीचे वाले की दुकान में कुछ देर बैठकर उसकी दुकान चलाता, वह जो कुछ भी देता उसे अल्लाह की मेहरबानी समझकर अपनाता, किसी मुस्लिम अधिकारी के बच्चा-बच्ची को उर्दू पढ़ाना, कहीं किसी के लिए कुरान की आयातें पढ़कर निकाह करवाना, जुम्मा रोजा में अपने जात-भाइयों के साथ मस्जिद में बैठकर कुरान की असली बातें बताना—एक-दो नहीं, विविध काम मामू करता है।

स्कूल के लोगों के लिए वह चपरासी लगता है। स्कूल के बाहर उसके कई रूप दिखाई देते हैं। मौलवी, व्यापारी, उस्ताद आदि का इसमें समावेश किया जा सकेगा। इस तरह का एक अच्छा-सा नाम सबने मिलकर दिया—मामू !

दस वर्ष पूर्व इस स्कूल में मैं आया। तब से इस व्यक्ति को मैं करीब से देखता आया हूँ। गरीब व्यक्ति कितना और कैसा बुद्धिमान हो इसका मामू-सा उदाहरण मैंने कहीं नहीं देखा।

मामू का परिवार बड़ा है। चार बेटे, बेटियाँ, पत्नी, माँ और नाती-पोती। इन सबका भार मामू कुशलता से उठाता आया है। मामू ने बच्चों को अपनी हैसियत के अनुसार पढ़ाया। पहले तीन बच्चे नौकरी-धंधे से लग गए। तनख्वाह की रकम अपने बाप के हाथ में रखने लगे। तिनका-तिनका कर मामू ने एक छोटे आकार का पर सुंदर घर बनाया। उसकी पूजा, गृह-प्रवेश का निमंत्रण देने वह मेरे सामने आया और बोला, ''सर, एक झोंपड़ी बनाई है। अपने चरणों की धूल छोड़ने आइए।'' यही निमंत्रण था।

मैं मामू के घर 'गृह-प्रवेश' के लिए गया। उसके प्रयास देखकर बहुत अच्छा लगा। मामू की ईमानदार नौकरी का परिणाम होगा कि उसके सारे बच्चे गुणवान निकले। पैसा कमाते हैं पर घमंड नहीं। बाप के शब्द उनके लिए कुरान की लिखित आयतें हैं। वो कभी खाली नहीं जाते।

इसी तरह एक बार मामू के घर उसके दूसरे नंबर के बेटे का 'शादी मुबारक' निकला। हमेशा की तरह मामू का मुझे विशेष निमंत्रण मिला, "सर, बच्चे की शादी है, अवश्य आइए।"

"मामू, आपके बेटे की शादी है। आना ही होगा। अवश्य आऊँगा।" मैंने कहा।

एक मित्र के साथ शाम को शादी के मंडप में गया। मंडप लोगों से भरा हुआ था। मामू ने आगे बढ़कर मेरा हाथ थामा और सामने बिठाया।

उस मंडप में विधायक थे, सांसद थे, बड़े व्यापारी थे, शिक्षक, प्राध्यापक थे। मुस्लिम लोगों की तुलना में हिन्दुओं की संख्या ही ज्यादा थी। मामू के चेहरे पर कुछ रहस्यमय मुद्रा तैर रही थी। ताम्र पट्टा चढ़ाकर चपरासी की नौकरी की सार्थकता व संतोष उसकी सफेद दाढ़ी में फैल गये थे। निकाह हुआ। मामू ने उपस्थित लोगों का आभार व्यक्त करने के लिए माइक हाथ में लिया।

"आज मेरे बेटे की शादी में विधायक आये, सांसद माने साहब आये। 'मृत्युंजय' के लेखक आये—मेरे गरीब के···" मामू का गला भर आया। वह बोल न पाता। उसके रूप में ज्यों इस देश के सैकड़ों पेटार्थी, गरीब मुस्लिम समाज की जानलेवा वेदना व्यक्त करने का वह प्रयत्न कर रहा था। उस वेदना को शब्दरूप देने के लिए मामू को शब्द नहीं मिल रहे थे। अनुभवसंपन्न उसकी सफेद दाढ़ी काँप रही थी। हाथ का माइक किसी तरह मामू ने नीचे रखा।

"धर्म की तुलना में आदमी बड़ा है और आदमी की तुलना में इन्सानियत बड़ी है।" ये ही विचार लेकर उस दिन मैं मंडप से बाहर निकला।

मामू का अंतिम बच्चा मेरे स्कूल में ही पढ़ा। अच्छे अंकों से मैट्रिक पास हुआ। उसके पास होते ही मामू मेरे पीछे ही पड़ गया, "सर, शाबू को कहीं लगा दीजिए!"

"मामू, यह अंतिम बच्चा। आपमें से कोई भी ग्रेजुएट नहीं। इसे पढ़ने दीजिए। इसे नौकरी में लगाने से यह समाप्त हो जाएगा। जरा धीरज रखिए। कुछ जरूरत हो तो बताइए।" मैं मामू को हिम्मत बँधाता। बदलते वक्त का रुख देखकर मामू ने संकल्प किया। लड़के को कॉलेज में दाखिला दिलाया।

एक बार मामू अचानक मेरे पास आया। हौले से बोला, "सर, बच्चा आपके पास पढ़ा। पास हुआ। बिर्यानी खिलानी रह गई। शाम को आइए। मैं शाबू को बुलाने के लिए आपके घर भेज दूँगा।"

"वाह ! मामू, अवश्य आऊँगा।" मैंने कहा।

रात में शाबू के साथ उसके घर खाना खाने गया। नीचे ही दरी बिछाकर उस पर फूलों वाला टेबिल-क्लाथ बिछाया था। उस पर सफेद-साफ डिशेस रखी थीं। मैं और मामू आमने-सामने बैठे। मामू के बच्चों ने परोसने का काम किया। एक-एक पदार्थ डिशेस मैं आने लगे। गरम-गरम बिर्यानी पर गोश्त परोसा गया। हम दोनों सुख-दुःख की बातें करते खाना खा रहे थे।

''सर, अब पेंशन लेने को मन करता है। बच्चे अपने पैरों पर खड़े हो गये हैं। अब स्कूल की बेंच नहीं उठा पाता। पीठ की हड्डियाँ चरमरा उठती हैं।'' मामू अपनेपन से कह रहा था।

''मामू, बचे हुए दो साल इसी तरह ढकेलो। खुशी-खुशी पेंशन माँगने पर कम मिलती है। नियमानुसार रिटायर हुए तो पूरी पेंशन मिलेगी।'' मैंने मामू को सलाह दी।

उस दिन जी भरकर खाया। मामू ने और उसके बेटों ने आग्रहपूर्वक परोसा। बड़े बेटे ने परोसते हुए कहा, ''सर, संभाजी महाराज के जीवन का उपन्यास कहाँ तक पहुँच गया ? लोग राह देख रहे हैं।'' मेरे हाथ का निवाला वैसा ही रह गया। मैं उसकी ओर देखता रह गया। मामू का लड़का इस उपन्यास के बारे में पूछेगा, ऐसी अपेक्षा मुझे नहीं थी।

''काफी लेखन हो गया है। अभी भी कुछ समेटनां है। यह ऐतिहासिक कथा होने के कारण सही नाप के कपड़े टेलर को तैयार करने पड़ते हैं।'' मैंने उत्तर दिया।

''बहुत पढ़ना पड़ता होगा न !'' उसने भोला प्रश्न किया। मैंने गर्दन हिलायी।

मसाला पान मुँह में रखकर सबकी विदा लेकर घर से बाहर आया। रंकाला तालाब की ठंडक पाने की इच्छा से मेरे कदम उसी ओर बढ़ गए। मामू को जानकारी थी, वह बोल पड़ा था, ''उस रास्ते से क्यों जाते हैं सर, इधर शिवाजीपेठ से जाइए।''

''रंकाला तालाब के किनारे-किनारे निकल जाऊँगा।'' मैंने कहा था।

''बुरे लोग होते हैं, सर। आप इधर से ही जाइए।'' मैं मामू की बात नहीं टाल सकता। मैं शिवाजीपेठ से ही आगे बढ़ा।

पिछले दिनों ही मामू की बूढ़ी माँ अल्लाह को प्यारी हो गई। उसकी यादें सुनाते हुए मामू की आँखों में आँसू तैर गये। ''दुनिया में सारा कुछ मिलेगा सर, पर माँ का प्यार कोई नहीं दे सकता।'' ऐसा कहता हुआ मामू, नातियों वाला मामू मुझे शाबू की तरह बच्चा लग रहा था। उसकी माँ मरी उस दिन स्कूल को छुट्टी दी गई।

यह हाई स्कूल सौ साल पुराना है। इस कारण यहाँ का रिकार्ड बहुत फैला हुआ है। कोई पुराना विद्यार्थी आता है। 1920-22 वर्ष का अपने नाम का प्रमाण-पत्र माँगता है। मामू बड़ी सफाई से वह रजिस्टर निकालकर उसका नाम ढूँढ़ता है। हाथ में प्रमाण-पत्र लिया हुआ, बच्चों का बाप बना विद्यार्थी मामू का हाथ अपने हाथों में लेकर कहता है, ''चलो मामू, चाय लेंगे।''

''क्यों ? नहीं, अभी चाय ली है।'' मामू उसकी चाय नकारने की कोशिश करता है। पुरानी बातों की भीड़ में विद्यार्थी उसका हाथ खींचता हुआ उसे साग्रह चाय के लिए ले जाता है। फिर चाय पीते-पीते उसके समय के शिक्षकों की यादों को दुहराया जाता है। ''एम.आर. सर गजब के शिक्षक थे। कितनी ख्याति थी उस समय हाई स्कूल की।'' मामू गुम हुए वक्त को अपनी मुट्ठी में थाम लेने की कोशिश करता।

यह स्कूल सरकारी है। यहाँ ड्राइंग का, कॉमर्स का सरकारी सर्टिफिकेट का परीक्षा केन्द्र है। परीक्षा आने पर बूढ़ा मामू पक्षियों-सा फुदक-फुदककर काम करता है। नंबर डालना, बेंच ठीक कर बैठने की व्यवस्था करना, पानी देने के लिए गरीब-जरूरतमंदों के बच्चों को ऑफिस में ले आना। जो भी काम होता मामू उत्साह से करता।

कभी खेलते समय, कभी प्रार्थना के समय कोई विद्यार्थी गश खाकर गिर पड़ता। रिक्शा लाकर उसमें बच्चे को बिठाकर डॉक्टर के पास ले जाते हुए मामू उसे माँ के वात्सल्य से कहता, ''घबरा मत, तन के बैठ। तुझे कुछ नहीं हुआ है।''

छब्बीस जनवरी, पंद्रह अगस्त—इन राष्ट्रीय उत्सवों के दिन कभी-कभी मामू के हाथों से यहाँ का राष्ट्रध्वज, डंडे से ऊपर सरसराता हुआ चढ़ता। स्कूल की तीसरी मंजिल पर शिखर की निर्विघ्न हवा के साथ झंडा फहराता रहता। साफे के पास हाथ का पंजा सटाकर मामू राष्ट्रगीत पूरा होने तक झंडे की ओर देखता खड़ा रहता।

मेरे पास कोई बड़ा मेहमान आता तो मैं मामू की ओर देखते हुए केवल संकेत करता। मामू चाय का आर्डर दे आता। मेहमान बैठने तक चाय आ जाती। ''साहब, चाय के लिए कब कहा था ?'' मेहमान आश्चर्य से पूछते। मैं कहता, ''ऐतिहासिक युग में जी रहा हूँ न फिलहाल। केवल संकेतों पर हमारे सारे काम हो जाते हैं।''

एक बार मैं और मामू स्कूल के बरामदे में बेंच पर बैठकर बातें कर रहे थे। उस दिन मामू प्रसन्न था। राजा-रजवाड़ों की हवेलियों की अजीब दास्तां सुना रहा था। तीन घंटे कब बीत गये, हम दोनों को कोई खबर न थी।

मैं एक ऐतिहासिक उपन्यास लिख रहा था, इसलिए मामू से पूछा, ''नमाज कितनी बार और किस तरह पढ़ते हैं मामू?''

''सब्र की नमाज अर्थात् भोर की नमाज। उसे फज्र की नमाज भी कहते हैं।'' इस बारीक स्पष्टीकरण के साथ जानकारी देते हुए, बरामदे में मामू ने अँगूठा टिकाते हुए नमाज पढ़ने का प्रदर्शन कर दिखाया।

''कुरान के विभिन्न अवसरों पर पढ़ी जानेवाली आयतें क्या हैं?'' मैंने उत्सुकतावश पूछा।

बच्चे का नाम रखते समय; आदमी अल्लाह के घर जाने पर कब्रिस्तान में; नमाज पढ़ने से पूर्व मस्जिद में कौन-कौन-सी पंक्तियाँ पढ़ी जाती हैं, इसकी जानकारी मुझे मामू ने दीं। मैंने उसे कागज पर उतार लिया। एक कोरा कागज लेकर, पेन से उस पर उर्दू के एक-एक अक्षरों की बनावट बताता मामू बोला, ''आप उर्दू सीखिए, सर। बहुत सरल है। उर्दू की शायरी आपको उपयोगी सिद्ध होगी।''

चपरासी होकर भी किसी अवसर पर कार्यक्रम में विद्यार्थियों के सामने दस-बीस मिनट किसी विषय पर मामू बोल सकता।

उर्दू के साथ ही उसे आयुर्वेद का भी ज्ञान है। दुबले-पतले ठिगने शिक्षक को वह कहता, ''क्या पवार सर, क्या है यह तबीयत? कौन पैसे सिर पर उठाकर जाता

है दुनिया से ? जरा शरीर को ठीक करने के लिए कुछ खाइए। मैं बताता हूँ आपको। शक्कर की चाशनी में घी डालकर उसमें सेर-भर स्वच्छ छुहारा, बीज निकालकर पंद्रह दिन तक भिगोएँ। रोज सुबह खाली पेट दो-दो खाएँ। महीने-भर नें आपको कोई पहचान भी नही सकेगा।''

किसी के पैर में चोट लगने पर किस पत्ती का लेप लगाना चाहिए, यह बताना मामू कभी न भूलता। किसी का पेट खराब हो जाने पर कौन-सा रस पीना चाहिए, यह भी बताता।

स्कूल में कोई कार्यक्रम की बात उठी कि उसकी योजना मामू के साथ आकार लेने लगती है। फूलदान से टेबिल-क्लाथ तक सारी व्यवस्था करके कार्यक्रम के समय कोई कोना पकड़कर, वक्ता क्या कह रहा है, यह ध्यान से सुनता। कार्यक्रम समाप्त होने के बाद मामू को यह पूछने पर कि ''कार्यक्रम कैसा रहा ?'' वक्ता में यदि कोई खास बात न हो तो अपनी अप्रसन्नता व्यक्त करने का उसका एक अंदाज है, ''वैसे वह अच्छा बोला, पर जैसा चाहिए वैसा रंग नहीं भर सका।''

एक बार एक बैठक के लिए भूतपूर्व शिक्षामंत्री मधुकर राव चौधरी आये। हॉल में प्राचार्य, प्राध्यापक के साथ लगभग दो-ढाई घंटे चर्चा चली। उस वातावरण में व्यवधान डालना किसी के लिए संभव नहीं था। बोल-बोलकर मधुकर राव थके-से लग रहे थे। मामू ने किसी की भी सलाह न लेते हुए चाय का कप भरा और भरी बैठक में मधुकर राव के हाथ में थमा दिया। 'सुंदर' कहकर उन्होंने मुस्कराते हुए उसे स्वीकार किया। उन्हें इसकी आवश्यकता ही थी।

''खर्डेकर साहब का भाषण कभी सुना है, सर ? क्या रुवाब ! नागों की तरह लोग डुलाते रहते थे!'' ऐसी जानकार प्रतिक्रिया बातों-बातों में जब वह दे जाता, तब लगता उसने क्या-क्या सुना है, क्या-क्या देखा है।

एक साल बाद मामू इस स्कूल से सेवानिवृत्त होगा। रोज दिखने वाला उसका लाल साफा और सफेद दाढ़ी फिर दिखायी नहीं देगी। आदमी के जीवन में कहीं-न-कहीं मोड़ आता ही है। टालने पर भी वह नहीं टलता। सरकारी नियम ही है जिसके अनुसार मामू को घर जाना होगा। परंतु मुझे लगता है कि उसके अंत समय तक बड़े घंटे से 'घन्‌...घन्‌...घन्‌' का प्रहार निरंतर होता रहे। उस नाद की ताल पर चैतन्य की अनगिनत कोमल कोंपलें नाचती रहें। प्रार्थना के लिए जुड़े हाथों और मुंदी आँखों से कतारों में खड़े असंख्य अनगढ़ कंठ से प्रार्थना के धीर-गंभीर बोल इसी तरह उभरते रहें—''ॐ असतो माऽ सदगम्यऽ।'' पथरीले खंभे से टिककर, वे प्रार्थना के शब्द सुनते हुए बूढ़ा, बहुत बूढ़ा मामू इसी तरह किसी विचार में हमेशा के लिए मग्न, दिखाई देता रहे !

शंकर

बाढ़ आई नदी के किनारे की नरम और उपजाऊ मिट्टी ज्यों बहकर निकल जाए, उसी तरह आदमी का बचपन बह जाता है। बचते हैं केवल ऊबड़-खाबड़, नुकीले किनारे! समय की प्रचंड नदी विकरालता के साथ बहती रहती है। रोज नये चेहरे हमारी आँखों की पुतलियों में उतरना चाहते हैं, उतर भी जाते हैं। परन्तु वे हृदय में प्रवेश नहीं पाते। अपने ही मन की संवेदना, काल की जंग भोथरी हो जाती है।

बचपन की यादें, सूखते मन के लिए 'सलाईन' की बोतल का काम करती हैं। हमें अपने-आप पर आश्चर्य होता है कि मन के किस फ्रिज में यादें इतनी ताजा, प्रफुल्लित रहीं। परंतु ऐसा होता है। मेरे लिए 'शंकर' ऐसे ही फ्रिजर की चीज है।

कुछ लोग ऐसे होते हैं कि हम उन्हें चाहकर भी नहीं भूल पाते। कुछ लोग हमें नेकी देते हैं—अँजुरी भर-भरकर। इसलिए हम उन्हें नहीं भुला सकते। कुछ लोग हमें प्राणांतक यातना के दहकते अंगार देते हैं, राक्षसी खुशी में झूमते हुए। इसलिए उन्हें नहीं भुलाया जा सकता। परंतु कुछ लोग ऐसे होते हैं कि हम उन्हें क्यों नहीं भूल पाते, यह बताना ही संभव नहीं होता। स्टील की चमकदार कटोरी पर उँगलियों के निशान की तरह ये लोग होते हैं। होते हुए भी दिखाई नहीं देते। स्पष्ट कर दिखाया नहीं जा सकता। मेरे जीवन में 'शंकर' ऐसा ही है।

मोटे तौर पर जब से मैं कुछ सयाना हुआ तब से मैं शंकर को देख रहा हूँ। तुकाराम गोसाईं का वह बेटा। छोटी आँखों और दुबली-पतली देहकाठी का, छोटी नाक वाला। उसकी माँ जड़ी-बूटी में रखकर बेचती उस काले मनके-सा भरपूर काला!

शंकर बचपन का मेरा अभिन्न मित्र। 'मित्रता' क्या होती है, यह जब मालूम नहीं था!

आजरा गाँव की लाल मिट्टी में मेरा बचपन बीता। मुझे फौलादी लाली और अपार चैतन्य देता हुआ। इस गाँव पर आकाश बेतरह मेहरबान था। बरसात में पूरे पाँच महीने आकाश से नीला फव्वारा बरसता रहता। मोटे जलमोती एक-दूसरे का पीछा करते हुए लुढ़कते। बारिश होने से लाल सुर्ख, खौलते हुए नदी-नाले, जिधर देखिए उछलते-कूदते दौड़ते दिखाई देते।

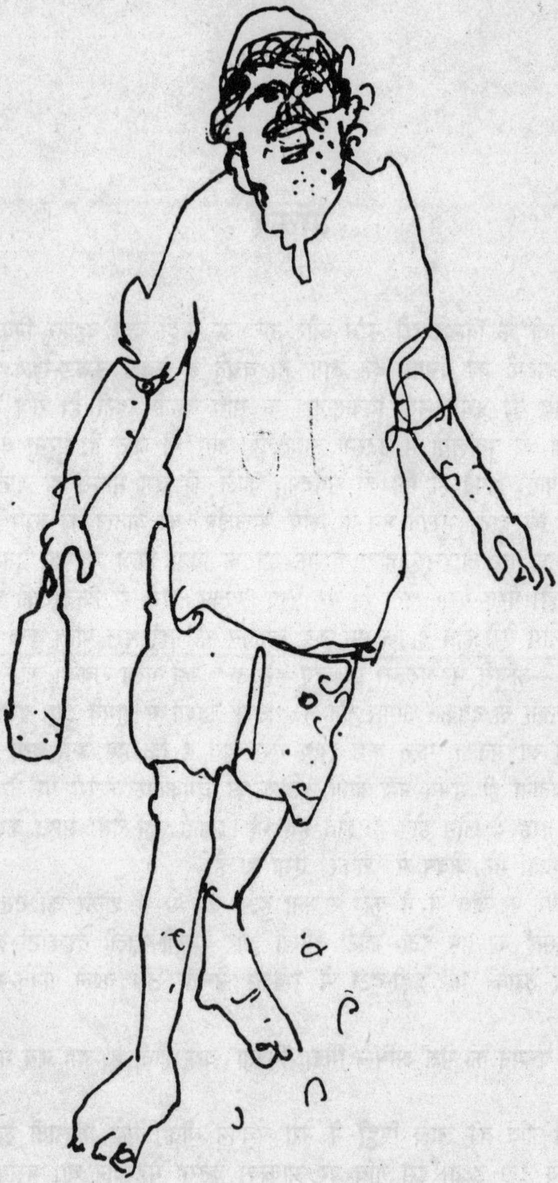

उसे देखते हुए मन में एक झुरझुरी कौंध उठती। घर वालों की नज़र चुराकर मैं बाहर आता। शंकर इसी समय मुझे पकड़ लेता। हम दोनों का एक बड़ा काम शुरू होता। उड़ान भरने वाले नालों पर बाँध बनाने का काम।

हमारे नन्हे हाथ, जितनी बालू समेट सकते, जल्दी-जल्दी समेटते। पानी की गति में बालू सरकने लगती। हम उसे सँवारने के लिए संघर्ष करते। घंटों बीत जाते। इसी बीच बारिश की एक बौछार हमें गीला कर जाती। ठंड से शरीर कुड़कुड़ाने लगता। इसी बीच यदि चुभने वाली ठंडी हवा उटती तो शरीर पर काँटों का जंगल उग जाता। हमारे इस 'बाँध बनाने वाले' खेल में बड़ा मजा आता।

बाँध में कैद पानी देखकर हमारा सीना अभिमान से तन जाता। पर यह अभिमान अधिक देर न टिक पाता।

"शंकर, हमने यह पानी क्यों रोक रखा हैं रे ? जाने दे इसे अपने रास्ते ! बाँध तोड़ डालेंगे !" मैं शंकर की ओर ताकता हुआ कहता।

"हाँऽ,यदि तोड़ना ही है तो पहले मैं तोड़ूँगा!" कहता हुआ शंकर आगे बढ़ता और दोनों ओर से हमारी ही बाँधी हुई रेत हम पैरों से हटाने लगते। रुका हुआ पानी फिर उछलता हुए बहने लगता।

मूसलाधार बारिश के कारण आजरा गाँव का आसपास अनेकानेक फलों के पेड़-पौधों से हरा-भरा हो जाता। मौसम आने पर आम, काजू, कहटल, अमरूद, जामुन आदि के पेड़ फलों से लद जाते। हम फललोभी लड़कों का 'चोरदल' गुस्ताख हो जाता। (बगीचे के फल चुराकर खाना यह सचमुच एक रोमांचक अनुभव है। परंतु पहरेदार के चंगुल में न फँसने पर। पकड़े जाने पर डरावने रोंगटों का शरीर-भर पर रोमांच और दिन में ही आँखों के सामने कौंधते तारे !)

एक बार ऐसा ही हुआ। मैं, शंकर और धोंडिबा भुई नामक एक और फललोभी मित्र, हमारे चाचा के लदे हुए तोतापरी आम के बगीचे में घुसे।

हमारे चाचा कोतवाल थे। कठोर अनुशासन के लिए पूरे गाँव में उनका दबदबा था। वे बिना भूले शाम को रोज बगीचे का चक्कर लगाते। उनके हाथ में चाँदी की मूठजड़ी, एक वजनदार, काली बेंत की छड़ी होती।

हम तीनों ने 'चाचा का माल' अपने 'बाप का माल' समझकर अधपके फलों पर डाका डाल दिया। कमीज के छोर में उस 'लूट' का माल लेकर हम शरीफ लोगों की तरह बगीचे के फाटक के पास आए। सामने साक्षात् चाचा आते हुए दिखाई दिए। अब चाचा ही हथियार उठाकर आते हुए दिखने पर "चाचा मुझे बचाइए" किसे कहते? कर्ज डुबाने वाले को, वसूली के लिए पठान आगे बढ़ता-सा हमें लगा।

डर से दुबले-पतले शंकर की देह थरथर काँपने लगी। डर के मारे उसने झट् से कमीज का छोर छोड़ दिया। हथेली-भर आकार के, आम के चार-पाँच फल गेट के पास फैल गए। डरे हुए हम तीनों ने फुर्ती से पास ही की एक झाड़ी में पनाह ली।

गेट का दरवाजा चर्राया। हमारी बित्ताभर छाती से कलेजे के पंक्षी उड़ जाएँगे, ऐसा लगा।

चाचा भीतर आए और शंकर की कमीज के पल्ले से बिखरे फलों ने हमसे धोखा किया। उन फलों को देखते हुए चाचा की कठोर आँखों के रंग बदलने लगे। साक्षात् पुलिस चौकी पर हमला होने पर जैसी प्रतिक्रिया, होती वैसा उनका चेहरा हो गया।

झाड़ियों की ओट से यह सब देखते हुए हम तीनों थरथर काँप रहे थे। शंकर ने अपनी कमर की मेखला में, अपनी माँ की संदूक की चाबियों का गुच्छा, एक काले धागे से बाँधा था। शंकर की थरथराहट के साथ चाबियों का गुच्छा भी थरथराता। एक-दूसरे पर गिरकर आवाज उठती। सिर चकरा जाने के कारण हमें कोई आवाज सुनाई न पड़ती। पर आवाज चाचा ने सुन ली थी। वे झाड़ियों की दिशा में ही बढ़े। हमारे मुँह में बिना चाबी के ही ताले लग गए। ''हरामखोरऽ !'' की गर्जना करते हुए चाचा ने हाथ की बेंत को झटके से पटका। वह ठीक मेरी पीठ पर पड़ा। एक सनसनाता प्रहार सारे शरीर पर दौड़ गया। हमने जितने फल चुराये थे, उसके तीन-चार गुना तेज बेंत चाचा चला रहे थे। थाने में भयंकर अपराधियों को रिमांड पर लेने वाला वह कोतवाल हमें गेट पर ही खूब पीट रहा था। हमारी कोमल पीठ उस बेंत से लहूलुहान हो रही थीं। कमजोर देह तिलमिलाते हुए बेंत के वार से टेढ़ी-मेढ़ी हो रही थी। औंधे हाथ मुँह से टकरा रहे थे !

मन में थरथराता डर और शरीर में भरपूर बुखार लेकर ही हम अपने-अपने घर लौटे। घर आते ही मैंने बिस्तर पकड़ लिया। शरीर जल रहा था।

अपने घर में शंकर नीचे-ऊपर गुदड़ी लेकर सोया था। बुखार से उसका बदन तप रहा था। उस दौरे में वह बड़बड़ा रहा था, ''नहीं-नहीं, फिर नहीं आऊँगा। साहब, बस एक बार छोड़ दीजिए, माफ कीजिए।''

उसी एक घटना से शंकर मेरे और अधिक करीब आ गया। खाने का कोई भी पदार्थ आधा उसके हाथ में रखे बिना मुझे चैन न पड़ता। एक ही विपत्ति से दो दिल अनजाने ही करीब आते हैं, यही सच है।

हमारा प्रिय खेल था, 'पेड़बानर।' अब यह खेल कहीं भी दिखाई नहीं देता। शहरों में तो आदमी का ही जंगल ! पेड़ तो उँगलियों पर गिन सकें इतने कम हो गए। सबसे बड़ी बात तो यह है कि 'आदमी' यह 'बानर' का वंशज है, यह डार्विन का सिद्धांत हमें बचपन में ही किसी के बिना बताए से भरा सही अर्थों में मालूम था। (अब बच्चों को यह बताने का समय आएगा कि ''यह आदमी छिपकली का ही वंशज है !'')

इस 'पेड़बानर' खेल में बड़ा मजा है। सारे खेल-साथी एक फैले हुए पेड़ के नीचे लकड़ी का डंडा लेकर जमा होते। तीन लोग एक-दूसरे के हाथों में हाथ गूँथकर

पल-भर उसे झुलाकर अचानक छोड़ देना होता है। अपने दोनों हाथ आपस में सबको मिलान होते हैं। इस पद्धति से 'लॉट्स' डालने पर किसी एक पर खेल की 'पारी' आती है।

एक बार ऐसा ही हमारा 'पेड़बानर' का मजेदार खेल चालू हुआ। बरसात का मौसम अभी-अभी समाप्त हुआ था। धरती अब भी कुछ गीली और चिकनी थी। पेड़ की डालियाँ काईयुक्त और फिसलन-भरी हो गई थीं। 'पारी' शंकर पर आई। एक साथी ने टाँग के नीचे से डंडा दूर फेंका। शंकर उसे उठाकर पेड़ के नीचे निशान लगी परिधि में रखने के लिए दौड़ा।

डंडा परिधि में आया। शंकर पेड़ की डालियों के नीचे से उछलता-कूदता ऊपर चढ़ा, लड़कों में किसी को छूने की कोशिश करता। उसे कोई न मिलता। बानर की तरह दाँत बिदकाकर ऊपर के लड़के उसे चिढ़ाते होते।

शंकर चिढ़ गया। पेड़ की पिंड को बाँहों में भरकर वह सीधे पेड़ पर चढ़ गया, एक लड़के को छूने के लिए। शंकर ने उस बैठे लड़के की ओर स्वयं को झोंक दिया और फिसलती डाली पर हाथ न ठहरने के कारण पलक झपकते ही शंकर डाली से नीचे फिसल गया।

पेड़ के नीचे की गीली-लाल, चिकनी मिट्टी में शंकर का पेंदा टकराया और मिट्टी में गड़ गया। दोनों हाथों की हथेलियाँ जमीन में गड़ाकर वह ऊपर उठने की कोशिश कर रहा था। चिकनी मिट्टी, चिपका 'पेंदा' छोड़ने को तैयार न थी। पेड़ पर बैठे लड़के खिदखिदाकर हँस रहे थे। शंकर तिलमिला रहा था।

एक बार—सिर्फ एक बार ही शंकर ने नीचे के कीचड़ की कैंची से मेरी ओर देखा। उसकी आँखों की भाषा मैं समझ गया था। मैं पेड़ से नीचे कूद गया। अपने दोनों हाथों का सहारा देकर मैंने उसे चिकनी मिट्टी की चंगुल से ऊपर उठाया।

ऊपर के लड़के फिर खिदखिदाकर हँस पड़े। कोई छेड़ता हुआ बोला, ''हाँ, उसे बाहर खींच निकाला शिवा, परंतु अब 'पारी' तुम पर आ गई है। उसे तुमने छू दिया।'' उसकी बात सही थी। पारी मेरी थी।

उस दिन डंडा फेंका जाता था। मैं उसे उठाकर परिधि में रखता। तंग आ गया था। शंकर को गलती से भी छूने के लिए न जाता। परंतु मेरे मन में अजीब-सा संतोष था—शंकर की मदद करने का।

शंकर ने और मैंने एक साथ पढ़ाई की हो, ऐसी कोई बात मुझे याद नहीं आती। उसकी माँ मनिहारी सामान से भरा संदूक सिर पर उठाकर गाँव-गाँव के बाजारों में बेचती फिरती। सुई, माला, सूजा, टीन का दीया, आईना जैसी कई चीजें उसके संदूक में होतीं। सिर पर की सुई, सूजा बेचकर वह कलेजे पर चुभती सुई-सूजों की टीस कम करने की कोशिश करती।

शंकर की माँ का लगाव अन्य बच्चों की तुलना में शंकर पर अधिक था।

गाँव-गाँव घूमते हुए आते समय वह शंकर के 'खाने' के लिए कुछ-न-कुछ अवश्य लाती। शंकर हाफ पैंट की जेब में सँभालकर लाकर मुझे देता।

शुक्रवार, आजरा के बाजार-दिन पर शंकर अपनी माँ के साथ मनिहारी वस्तुएँ बेचने के लिए जाता। माँ उसे दो-चार आने देती।

शंकर शनिवार को मुझसे अवश्य मिलता। उसकी बारीक आँखों में कोई चिनगारी मुझे दिखाई देती।

'संतू के होटल' में शंकर मुझे ले जाता। प्याज की गरम पकौड़ियाँ वह मँगवाता। अपनी प्लेट से एकाध पकौड़ा धीरे से मेरी नज़र चुराकर मेरी प्लेट में डाल देता।

नाटक का शंकर को बहुत शौक था। कहीं से नाटकों की पुस्तकें लाता और तुक्का मिलाकर पुस्तक के संवाद याद करता।

एक बार हमने एक पौराणिक नाटक खेलने की सोची। उस नाटक के श्रीकृष्ण की भूमिका मेरी थी। शंकर साँवला होने के कारण 'अर्जुन' बना था।

एक दिन शंकर आया और मेरे सिर का धागे से नाप लेकर गया। उस समय मेरे दिमाग में कोई बात नहीं आई। नाटक प्रस्तुत करने के दिन शंकर ने मुझे चौंका दिया। अपना समूचा गोसाईपन दाँव पर लगाकर उसने टीन का एक शानदार 'मुकुट' तैयार किया था। सुनहरे वर्क चढ़ाने से वह नक्काशीदार मुकुट जगमगा रहा था। वह मेरे लिए था।

''वाहऽ वाह, शंकर, मेरे यार, देखूँ।'' कहता हुआ मैंने मुकुट लेने के लिए हाथ बढ़ाया।

अपना हाथ तपाक से खींचता हुआ बोला, ''अरेऽ, नहीं···मैं चढ़ाऊँगा तुम्हारे माथे पर।''

शंकर ने मेरे माथे पर वह मुकुट चढ़ाया। अपनी गर्दन टेढ़ी-मेढ़ी करके अलग-अलग 'एंगल्स' से मुझे निहारता। शंकर का भोला गोसाईं मन मुझसे कह गया, ''किशन, इस गरीब दोस्त को मत भूलना!''

शंकर स्कूल की बात छोड़कर और सब बातें बहुत अच्छी तरह करता। मेरे लिए स्कूल छोड़ना मुश्किल था। पाँचवीं-छठी तक भूला-भटका पहुँच गया था शंकर। फिर वह रास्ता ही शंकर छोड़ चुका था।

मेरे और शंकर के बीच अनजाने ही एक दूरी बनती गई। शंकर के काँधे पर अपनी संदूक चढ़ गयी। वह गाँव-गाँव घूमने लगा। घाट-घाट का पानी शंकर के गले के नीचे उतरने लगा। उसका गला तान देकर ललकारने लगा, ''डब्बा को ढक्कन लगवा लोऽ··· कलई करवा लोऽऽ··· !''

मैं अपने स्कूल के ढक्कन कक्षा-दर-कक्षा बदलता रहा। शंकर अपने जीवन के बर्तन पर कलई वाले की कलई चढ़ा रहा था। उसके आसपास के घाघ गोसाइयों ने उसे अपने दल में समेट लिया था।

उसकी पीठ पर परंपरागत संदूक चढ़ा दी थी। मेरी दृष्टि से शंकर बदल रहा था। उसकी दृष्टि से वह अच्छा था। शंकर कभी-कभार मुझसे मिलता। मेरे नाटक, खेल, भाषण के पराक्रम (?) उस तक सुनाई पड़ते।

"क्या शिवाजी भाई, भोजन हो गया ? मंदिर जा रहे हो ?" ऐसे सैकड़ों मील से पूछने-सा वह मुझे पूछने लगा। शंकर उम्र से बड़ा हो गया, अर्थात् क्या हुआ ? उसकी इकहरी देह वैसी ही रही। आँखें और रंग बदलना संभव ही नहीं था। केवल हाथ-दो हाथ ऊँचाई बढ़ गई थी। बचपन से मैं देखता आ रहा, उसके कान की पीतल के तार की बाली उसी तरह थी। पतले और मुरझाए से मूँछ के बाल, किसी तरह उसके होंठों पर उग आए थे। परंतु वे भी उसके काले रंग में खो गए थे।

शंकर की शादी हुई। उसे बच्चे भी हुए। पहले गाँव में अकेला घूमता, अब बीवी को लेकर जाने लगा। एक गंदी, जगह-जगह फटी कमीज, घुटने तक झूलती हुई वैसी ही खकी चड्डी, पहचानना कठिन था कि उसका रंग लाल है या सफेद, ऐसी तेलसनी आड़ी गांधी टोपी सिर पर, हालात के मार से काली पड़ी उसकी वही पीतल की बाली, काँधे पर काले पट्टे पर टँगी वर्षों से उसकी पीठ पर चिपकी वही टीन की संदूक। जीवन में ज्यों उसने कुछ भी न सीखा हो। ऐसे ही मुँह से निकलने वाले वे बोल—"ढक्कन लगवाऽ लोऽ···, कलईऽ करवा लोऽ···।" ऐसे शंकर को मैं कई दिनों से देख रहा हूँ। मन में एक अबूझ पीड़ा उठाकर।

बाद में, मैंने गाँव छोड़ दिया। कोल्हापुर की मस्त माटी से मेरा रसीला रिश्ता जुड़ने लगा। शहर की इस आपाधापी में कभी-कभी मेरा मन 'शंकर' को खोजना चाहता। वह कहीं न मिला। उसकी आवाज-तक कानों में न पड़ती।

पिछले मई महीने में गर्मी की छुट्टियों में मैं अपने गाँव आजरा गया। एक दिन लिख-लिखकर ऊब गया इसलिए घर के सामने खुले मैदान में आया।

मेरे घर का चक्कर लगाकर हिरण्यकेशी नदी की ओर जाने वाले रास्ते से शंकर आ रहा था। वह नदी पर नहाकर, अपनी फटी, गंदी कमीज धोकर लौट रहा था। तेज धूप से बचने के लिए और कमीज भी सूख जाए इसलिए उसे सिर पर ओढ़ लिया था। उसकी पसलियाँ अपनी गरीबी का कारण पूछने के लिए छाती के पिंजरे से बाहर निकलती दिखाई देतीं। उसे देखकर मैं रुका। पल भर में मेरा बचपन मेरी आँखों के सामने घूम गया।

करीब आते ही मैंने पूछा, "क्यों शंकर, नदी से आने में देर कर दी ?"

"क्या भैया, कब आए कोल्हापुर से ?" मेरे प्रश्न का उत्तर देने की बजाय उसने मुझसे ही पूछा।

"कल आया। तेरा क्या हाल है ?" मैंने पूछा।

"ठीक है।" बस इतना ही वह बोला।

मेरी माँ, पास के कटहल के पेड़ के तने से बँधे बछड़े के लिए पीतल के बर्तन

में पानी रखकर चली गई।

"शंकर सिगरेट लाओगे !" मैंने उससे पूछा।

"लाता हूँ।" कहकर उसने गर्दन झुका ली। मैं पैसे लाने भीतर गया।

शंकर मेरे लिए सिगरेट लाया। बचे पैसों का मुझे ध्यान ही नहीं था। फिर वह ही बोला, "बचे पैसों की मैंने चाय पी ली भैया।"

"रहने दे रे। अब धोंडिबा कहाँ रहता है ?" मैंने उसके छोटे भाई की पूछताछ की।

"वह गाँव-गाँव डब्बा बजाता घूमता है!" शंकर के मन से, छोटे भाई के लिए गुस्सा बोल गया।

"भैया, अपनी एक फटी कमीज दो न मुझे।" शंकर मुझे आशा से देखता हुआ अपना मन खोलकर रखता है। मेरा मन उसकी इस बात से बेचैन हो गया। अपने उपयोग की कमीज मैंने शंकर को दे डाली।

शंकर चला गया। टाइपराइटर के काले रोलर-सा दिखने वाला, उसके दूर जाते कमजोर पैरों की ओर मैं कितनी ही देर तक देखता रहा। कदम आदमी को आदमी से कितनी दूर ले जाते हैं, है न !

अपने छोटे भाई तानाजी से मैंने पूछा, "यह शंकर अब क्या करता है ?"

"अब वह गाँव-गाँव नहीं घूमता। दिन-भर स्पिरिट पीता रहता है। क्या हालत हो गई है, देखो न !" मेरे भाई ने उत्तर दिया।

शंकर गरीबी की आग स्पिरिट से बुझाना चाहता है। उस रात मैं काफी देर तक सो नहीं सका। दूसरे दिन जागते ही अजीब बात मालूम हुई। मेरी माँ किसी से कह रही थी, "कल यहीं। मैंने बछड़े के लिए बर्तन में पानी रखा था। कल शाम तक बर्तन था। उसी शंकर की यह करतूत है !"

बछड़े के सामने रखा पीतल का बर्तन चोरी चला गया था। मेरे भाई ने महाजन के पास पूछताछ की। बर्तन शंकर ने ही उन्हें दिया था। उन दो-चार रुपयों से शंकर ने जी-भर स्पिरिट पिया था।

यह सुनते हुए शंकर पर मुझे खूब गुस्सा आया। एक लड़के की मार्फत मैंने उसे बुला भेजा।

शंकर ने कहला भेजा, "अभी मेरे पास समय नहीं है।"

मुझे लगा कि तेज कदमों से उसका घर नापकर उसके दिखते ही, उसके थोबड़े पर दनादन मुक्के जमा दूँ। परंतु मैं कुछ न कर पाता। दिन-भर मैं बेचैन रहा। किसी काम में मन न लगता। शंकर के कई चित्र मेरी आँखों के सामने नाचने लगे।

शाम हो गई। शंकर अपने सवा साल के अधनंगे, दुबले बच्चे को लेकर लड़खड़ाता हुआ मेरे घर की ओर आ रहा था। उसे बाहर ही मिलने के लिए मैं कटहल के पेड़ के नीचे आ गया।

शंकर बच्चे को लेकर मेरे सामने आया। वह बहुत स्पिरिट पिये हुए था।

''दादा, तुम्हारा बर्तन गया कहते हैं ! कहते हैं चाची इस भड़ुवे गोसाई का नाम ले रही थी। इस घर की देहरी की धूल हूँ मैं। दादा, क्या मैं यह कर सकता हूँ ? यह बच्चा तुम्हारे कदमों में रखकर कसम खाता हूँ, मैं नहीं किया यह सब।''

शंकर जान बूझकर अपना बच्चा अधनंगा लाया था। उसे मेरे पैरों पर रखने के लिए वह आगे बढ़ा। मैं झट् से पीछे हटा। मेरा गुस्सा कपूर हो गया। मैं असमंजस में पड़ गया। गुस्से की जगह पश्चाताप ने ले ली।

''शंकरऽ, हरामखोर, झूठ बोलता है!'' मेरा भाई आगे बढ़ा उसे दो तमाचे जड़ देने के लिए। मैंने उसे रोका। यदि वह एक भी तमाचा मारता तो शंकर बेहोश हो जाता। मेरी तो कुछ भी समझ में नहीं आ रहा था।

मैंने भाई को अलग ले जाकर पूछा। उसने विश्वासपूर्वक बताया कि शंकर ने ही वह बर्तन उठाया है। महाजन कभी भी कसम खाकर बताने के लिए तैयार था।

मैं शंकर के करीब आकर बोला, ''शंकर, तू अब जा। हमारा बर्तन चोरी नहीं गया है।'' मैंने शंकर को वहाँ से भगाया।

घर के लोगों को बताया, ''आप लोगों का बर्तन यदि चोरी चला गया है तो मैं एक नया बर्तन ला देता हूँ। पर अब उसे फिर मेरे सामने मत लाइए।''

इस घटना से जड़वत् होकर मैं पलंग पर लेट गया। रात के नौ बज गये। शंकर चार-पाँच बार मेरे घर के सामने आया था। मैं बाहर जाकर उसे मिलता। उसे अपनी ओर से समझाया, ''शंकर, हमारा बर्तन चोरी नहीं गया है रे। तुम पर कोई शक नहीं है। तू जा, सो जा।''

शंकर वह सुनता। मेरे पैर छूने की फिराक में होता। सिर हिलाता फिर जाता।

रात के ग्यारह बज गये थे। शंकर फिर आया। दरवाजे पर हाथ मारता बोला, ''दादाऽ !''

मैंने दरवाजा खोला। वह घर में आया। हर बार वह जाता और स्पिरिट पीकर आता।

मेरे पलंग पर बैठता हुआ वह बोला, ''दादा, आज मैं यहीं सोऊँगा।''

यह सुनकर मेरा भाई गुस्से से मेरे कमरे में। उसने शंकर को मारने के लिए हाथ उठाया। मैंने उसका हाथ रोक दिया। जोर से चिल्लाया, ''खबरदार, उस पर हाथ उठाया तो!''

''शंकर, चलो मैं तुम्हें छोड़ आता हूँ।'' उसके काँधे पर हाथ रखते हुए मैंने कहा। वह लड़खड़ाते हुए चलने लगा। मैं उसके गोसाईपुरा के घर तक पहुँचाने के लिए बाहर आया।

मेरे दिमाग में असंख्य विचार कौंधने लगे। सचमुच शंकर ने चोरी की थी, परंतु अपने जान से प्यारे दोस्त को मालूम न हो, यह उसकी इच्छा थी। इसीलिए वह छह

बार मेरे घर आया था। मेरे द्वारा कहे जाने पर भी उसे सही न लगता। उसका बचपन उसे छल रहा होगा। वह स्पिरिट पीता होता। 'दादा' कहता मेरे पास आता रहा। मेरे सामने आते ही उसे मेरे और उसके बीच का अंतर मालूम होता ! वह बचपन का 'शिवा' मुझमें खोजता। सामने 'शिवाजी दादा' को देखकर बिदक जाता। फिर जाकर स्पिरिट पीता।

शंकर को उसके घर छोड़ने जाते समय मुझे लगता, शंकर के जीवन का पानी सूख गया है। बचपन में हम दोनों बाँध में रोके हुए पानी को खोल देते। वह हरहराकर बह जाए, ऐसी कोशिश करते। आज शंकर के जीवन का रुका हुआ पानी चाहने के बावजूद मैं खोल नहीं पा रहा था। मुझे लग रहा था, ''वह जैसा है, वैसा ही मेरे साथ-साथ चले। रास्ता भी न समाप्त हो और रात भी !''

बचपन में जब वह कीचड़ में फँस गया था तो मैंने उसे बाहर निकाला था। आज वह जीवन के कीचड़ में धँसा हुआ मुझे साफ-साफ नज़र आ रहा था। मेरे हाथ मजबूर थे और यदि आजाद होते तब भी उनका कोई उपयोग न होता।

बाढ़ आई नदी के किनारे की नरम और भुरभुरी मिट्टी बह जाए वैसे ही बचपन बह जाता है, यही सच है ! बचते हैं केवल ऊबड़-खाबड़ नुकीले किनारे! कुछ लोग होते ही ऐसे हैं कि उन्हें हम नहीं भूल पाते, यही नहीं बता सकते!

चाचा गवंडलकर

''होऽ ! होऽ ! होऽ !'' होली चौक में प्रज्वलित उपलों के ढेर के पास खड़े होकर होलिका की लपटों को देखते हुए चाचा गवंडलकर की मनाई होली मुझे अब भी याद है। अब लोग 'लस्त' हो गये हैं। जोर-जोर से चिल्लाने का दम किसी की छाती में बचा होगा, ऐसा नहीं लगता। इसलिए चाचा गवंडलकर की दमदार, रोमांचक होली की याद मेरे मन के कोने में सुरक्षित यदा-कदा कछुए की गर्दन की तरह ऊपर उठ आती है।

थाली जितना पूनम का चाँद, दूध-सी चाँदनी साथ लेकर होली के लिए आया होता। वंदनवार से सजी, श्रीफल से परिपूर्ण, चारा या पैरा की ऊँची-ऊँची होलिका खड़ी कर, ग्रामीम मीठा भोजन कर रात में होली चौक में एकत्र होते।

लकड़ियों से खड़ा किया उपलों का ढेर, घास-फूस की मशाल से सुलगाया जाता और छोटे लड़कों की कच्ची आवाजों से पहले कुछ छिट-पुट हलचल होती, फिर कुछ बड़े सुर लगाते। और सबसे अंत में जो जोड़ी बचती वह होती अण्णा त्रालके और गवंडलकर, इन दो महाजन पुत्रों की।

होली का हो-हल्ला शुरू करने से पहले वे कोर्ट के नामी वकीलों के संघर्ष की तरह पहले आक्रामक संवादों की जुगलबंदी करते। चाचा उपहास से अण्णा वालके को कहता, ''अच्छा, रखो अपना अधसेर पंजा और करो जोर-आजमाइश।''

''अरे जा रे गवंडलकर, मेरा अधसेर नहीं, अच्छा-खासा सेर है।'' अण्णा उसे तिरस्कार से कहता।

''ठीक है, ठीक है—सेर तो सेर सही। चिंघाड़ने दे अपने शेर को।'' चाचा होली की जलती लकड़ियों को लाठी से ठूँसते हुए अण्णा वालके को ठेलता रहता।

''मेरा शेर चिंघाड़ ही रहा है। पहले अपने सियार को चिल्लाने दे।'' अण्णा को शेर कहा, इसलिए गुस्से से अण्णा चाचा को 'सियार' कहकर चिढ़ाता।

'' 'सियार' की जाति होशियार रहती है रे वालके ! शेर को कुएँ में डुबाता है। तुम्हें वह कहानी मालूम नहीं ?'' चाचा आँखें मिचकाता हुआ अण्णा की चुटकी लेता।

उनकी जुगलबंदी समाप्त नहीं होगी यह सोचकर बावली नलावड़े उनमें

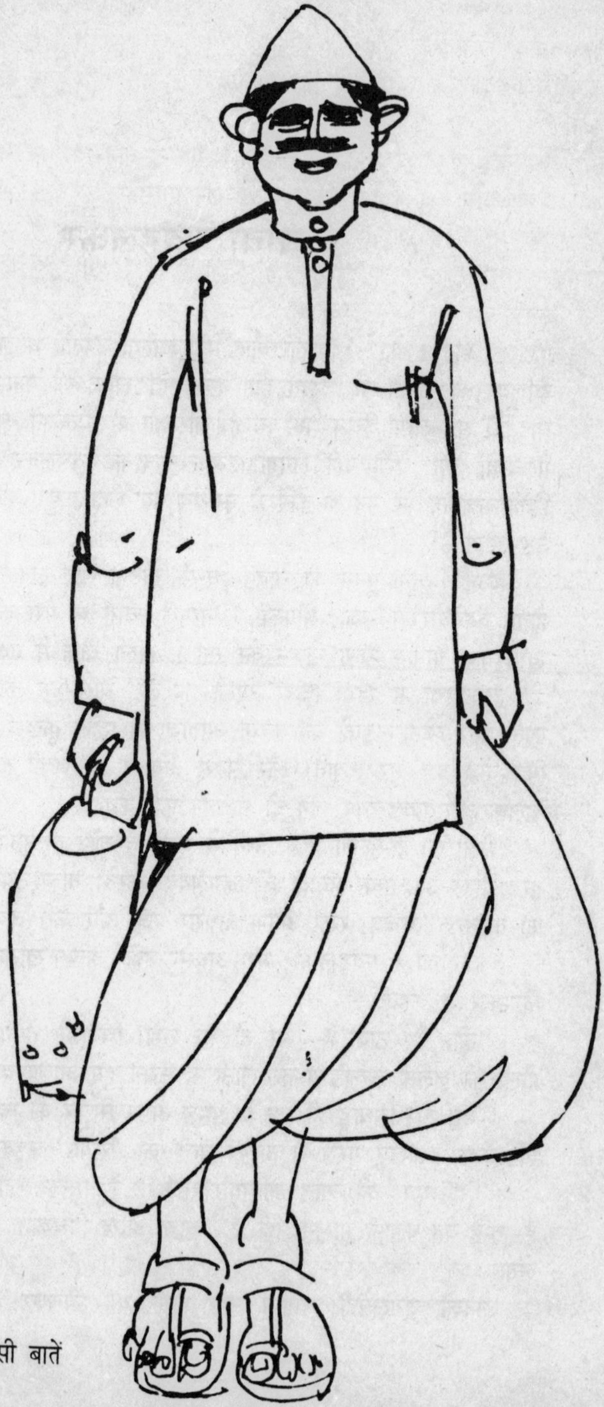

बीच-बचाव करता। बनिया की चतुराई से, "अरे, झगड़ते क्यो हो ? कौन शेर है, कौन सियार, किसका अधसेर है किसका सेर दिखा दो। हाथ कंगन को आरसी क्या? क्यों ?"

फिर कोई युवक स्वयं ही पंच बनकर 'एक-दो-तीन्न हाँऽ' कहकर 'स्टार्ट' देता और अण्णा-चाचा की पंजाब मेल और डेक्कन एक्सप्रेस धड़धड़ाने लगती।

चेहरे पर हथेली फेरते हुए, बढ़ी हुई तोंदवाले चाचा तगड़े अण्णा की हालत खराब कर देते। चारों ओर की दूधिया चाँदनी काँपने लगती। उसकी नींद उड़ जाती।

काफी देर बाद अण्णा वालके की साँस टूट जाती। अपनी फूलती साँस का अंदाजा लेकर धूर्त अण्णा, पैर पर होलिका की चिनगारी गिरने का हावभाव कर पैर झटकता। साथ ही किसी के पूछने के पहले ही जोर से चिल्लाता—"बेतालो, चिनगारी क्यों उड़ायी रे ?" उसकी चालबाजी देखकर सभी लोग हँसते। चाचा का आक्रमण जारी रहता। इतनी देर चिल्लाने वाले चाचा को सफेद चाँद वैसे इंद्रधनुषी की तरह सतरंगी दिखता होगा—ऐसी शंका मेरे मन में उठती।

लगभग दो मिनट तक चला यह 'मुख विक्रम' रोककर चाचा अण्णा वालके को चिढ़ाता, "वालके तेरे सेर पर मेरा सवा सेर है कि नहीं ?"

होली के एक ही दिन इस प्रकार जी-भर स्वतंत्रता ले लेने वाला चाचा, शेष वर्ष-भर 'सार्वजनिक चाचा' के रूप में समाज के अनेक कामों में अपने-आपको बाँध लेता।

गांधी टोपी, गले में ठीक बैठने वाला बंद कॉलर का नेहरू कुर्ता, कुछ-कुछ मटमैली पर सफेद धोती, यह लिबास पहनें चाचा, दत्त की तरह पूरे गाँव में त्रिकाल-फेरी लगाता।

हाथ में एक खाकी थैली, चल-चलकर घिसी हुई चप्पलें, मुँह में पान की गिलौरी, कम भौंहें और बरौनी वाला चाचा गवंडलकर हमारे छोटे-से गाँव का महर्षि कर्वे था, महात्मा फुले था, आगरकर था!

चाचा के हाथ में थैली होती, चंदा जमा करने के लिए। दिमाग में कुछ योजना होती—गाँव के कल्याण के लिए।

शिवजयंती, भजन सप्ताह, महायात्रा, कुश्ती का दंगल, मंदिर का जीर्णोद्धार जैसा कोई-न-कोई सार्वजनिक काम का दत्तक बच्चा, चाचा माँ की ममता देकर अपनी बाँहों से उठाता। अकेला। कोई मंडल नहीं, समिति नहीं, बैठकें नहीं। जो काम चाचा को अच्छा लगता वह बिना प्रसाद बाँटे शुरू कर देता।

दुकान-दर-दुकान घूमकर चाचा जब चंदा जमा करने निकलता तो बड़े मजेदार संवाद उभरते।

"क्या चाचा, यह क्या नया झमेला खड़ा किया है?" रामू धोबी इस्त्री की गर्मी बेकार न जाते देकर, फटाफट कपड़े पलटता चाचा से पूछता।

"रामू, इस कपड़े पर जिस तरह इस्त्री घुमाता है, ऐसी एक बार इस पूरे आजरा गाँव पर इस्त्री घुमाएगा तब कहीं मेरी झंझट खत्म होगी।" कहते हुए चाचा बेंच पर टिक जाते। चाचा कोंकणी, गाँव की थोड़ी-बहुत उर्दू—सारी भाषाएँ जानते थे।

"वह काम तो आपको दिया है न !" रामू धोबी हँसकर चाचा से कहता और सड़क से जा रहे कांति को दो उँगलियों के इशारे से संतू के होटल से दो कड़क चाय भेज देने का संकेत करता।

रामू धोबी के बेंच पर बैठकर चाचा चाय पीता। रामू के इस्त्री पर फूँक मारने के कारण राख के सफेद कण चाचा के कप में उतरते। उसे न हटाते हुए ही चाचा चाय गटागट पी जाता।

रामू धोबी उसे चार-आठ आना चंदा देता। उसे थैली में डालकर चाचा दुकान से बाहर निकलना चाहता, तभी रामू परीट किसी रहस्यमय ढंग से और ग्रामीण अपनेपन से कहता, "चचा, थोड़ी देर रुकिए, टोपी दीजिए।" और रामू धोबी चाचा की मैली टोपी पर इस्त्री घुमाकर उसे ठीक-ठाक कर फिर उसके हाथों पर रख देता।

चाचा का यह एक-अकेले का सार्वजनिक मंडल कितने ही वर्ष चालू रहा। इकट्ठा चंदे का हिसाब किसी ने कभी भी चाचा से नहीं पूछा। उसने कभी हिसाब रखा भी नहीं। पान के लिए पैसा न होने पर भी, चाचा का हाथ कभी चंदे की थैली में नहीं घुसा। थैली छलकने तक भर गयी तो भी चाचा के बदन पर कभी मलमल का कुर्ता नहीं चढ़ा या "इकट्ठा किए गए चंदे की थैली समेत चाचा गवंडलकर फरार !" ऐसी सनसनी फैलाने वाली कोई खबर किसी अखबार में नहीं छपी।

ग्रामदेवता रवलनाथ के मंदिर का रंग धूमिल पड़ गया। चाचा का मन बेचैन हो उठा। थैली उठाकर चाचा घर-घर घूमने लगा।

मलिक की भव्य कोठी में प्रवेश कर दीवान पर बैठते हुए खूबसूरत ढंग से रंगे घर पर नज़र घुमाते हुए चाचा ने नाना मलिक से पूछा, "नाना, घर बड़ा जोरदार ढंग से रंगा है। कितना खर्च किया !"

चाचा के हाथों में चाय का कप देते हुए नाना ने गर्व से कहा, "पाँच सौ रुपये गये चाचा। रंग बहुत महँगा हो गया है।"

"...तो ऐसे ही पच्चीस रुपये और दे दो ! घर रंग दिया है अब गाँव का मंदिर भी रंगने दे। हर दिन रवलनाथ के मंदिर जाते हो। मंदिर की दुर्दशा देखने इतना अंधा तू नहीं है!"

नाना ने चुपचाप पच्चीस रुपये के नोट चाचा के हाथ में दे दिये।

घर-घर घूमकर चाचा ने रंग-निधि जमा की। कुम्हार के, कलाकार बच्चे साथ लेकर बिना हो-हल्ला किये पूरा मंदिर आकर्षक रंग से रंग डाला। शानदार ढंग से रंगे गए मंदिर को देखकर मैं अभिभूत हो गया। सुंदर संपन्न काम की तारीफ करने के लिए मैं चाचा के घर गया।

चाचा सिलाई की मशीन पर फ्रॉक सीने में खो गया था। ''राम-राम चाचा।'' मैंने उसका ध्यान खींचा।

''आइए संपादक !'' चाचा को लेखक-वेखक मालूम न था। उसने लिप्टन के जिस छोटे खोखे की ओर इशारा किया, वहाँ मैं टिक गया। चाय आई।

गाँव का बड़ा मंदिर रंगने वाले चाचा के घर के बरामदे में मेरी नज़र घूम गई। केवल पीली मिट्टी से वह पुता था। मेरा मन भर आया। तारीफ, बधाई सब भीतर ही रह गया। पल-भर चाचा को देखते हुए मुझे लगा, अपनी पगड़ी बगल में रखकर, गांधी टोपी पहनकर ज्योतिवा फुले ही सिलाई मशीन पर तो नहीं बैठे हैं ?

''क्या संपादक, रास्ता भटक गये?'' फ्रॉक से ऊपर आए धागे को दाँत से तोड़ते हुए चाचा ने पूछा।

''कुछ नहीं, यूँ ही आया था। क्या सी रहे हैं चाचा?'' मैं विषय बदलता बोला।

''फ्राक है, कुम्हार की गौरी की बच्ची का। अपने मायके आई है वह। कल जाएगी। आपके कोल्हापुर की तरफ ही उसकी ससुराल है। गरीब है बेचारी। सिलाई के पैसे भी नहीं उसके पास। मैंने कहा—ले आ। मैं सी दूँगा।'' चाचा सहजता से कह गया। जिस प्रकार ग्रामदेवता रवलनाथ को प्रणाम किया, उसी तरह चाचा को करके बाहर आया। चिंतन का भँवर घूमने लगा।

जिस प्रकार गाँव के किसी भी काम का चाचा को आकर्षण था, उसी प्रकार कुश्ती का दंगल आयोजित करने का शौक था।

शंकर, चाचा का इकलौता बेटा था। उसका बदन बहुत गठा हुआ था। बेंत की तरह शंकर का शरीर लपकता। पाँच-एक मिनट में चुटकी से कुश्ती जीतकर, शरीर को मिट्टी न लगने देकर 'बजरंग बली की जय' गरजता शंकर कुश्ती के मैदान से बाहर हो जाता। चाचा के प्रेम के लिए कुश्ती-शौकीन, शंकर को अँजुरी भर-भर नोट देते।

रमजान पहलवान मुसलमान था, हट्टी-कट्टी देह का लड़का, बहुत नाटकबाज था। वह जान-बूझकर छाती फुलाकर चलता, ज्यों उसकी काँख पर नीबू रखा है। पान के ठेलों पर बहुत घमंड से बोलता, ''इसकी माँ कू, कैसा गधा गाँव है रे ये? हमारा जोड़ का कोई मिलता ही नहीं। कोल्हापुर में कित्ते पहलवान हैं। वहाँ मेरे लायक जोड़ मिलता है।''

''रमज्या, वो चचा का शंकर है न, उसके साथ खेलेगा?'' पान खाते-खाते बाबू कुम्हार ने उसे छेड़ा।

''धत् तेरे की। वो चाचा का शंकर? बेटे खोखला है वह! वो क्या लड़ेगा मेरे साथ।'' रमजान ने भरे चौक में शंकर का मज़ाक उड़ाया। उड़ते-उड़ाते बात चाचा के कानों तक पहुँची।

बस, चिलू मोरबल के बीच-बचाव से रमजान पहलवान और शंकर गवंडलकर

की महाशिवरात्रि को कुश्ती तय हुई। पहले नंबर की।

चाचा ने शंकर को ताकत वाली खुराक देनी शुरू कर दी। छुहारा, बादाम, ठंडाई। बड़े सवेरे उठकर शंकर, व्यंकोबा के अखाड़े में जोर-आजमाइश करने लगा।

गाँव में एक ही अखाड़ा था। अपनी तैयारी शंकर को मालूम न हो, इसलिए रमजान ने एक अजीब युक्ति खोज निकाली। बहुत सवेरे उठकर वह मस्जिद में ही मेहनत करने लगा। कुश्ती प्रतिष्ठा का प्रश्न बन गई थी।

महाशिवरात्रि के दिन नमाजगाह पर चींटियों की तरह लोग कुश्ती के मैदान के चारों ओर इकट्ठे हो गए।

'याऽअली, याऽअली।' गर्जना करते, एक पैर पर नाचता, लँगोट कसा हुआ रमजान पहलवान सारे मैदान में घूमा। वह जोरदार तैयारी में था।

दूसरी ओर शंकर भी 'बजरंग बली कीऽ जय।' गर्जना करता एक पैर पर नाचता कसे लंगोट में मैंदान में उतरा।

मोटे बाँस के सामने धान की बाली-सा शंकर रमजान के सामने बहुत ही मामूली लग रहा था। सब चौंक गए। देखते-देखते रमजान, शंकर को दबोच लेगा, यह सारे मैदान को साफ नज़र आ रहा था।

धोती का पल्ला ऊपर उठाकर लकड़ी के घेरे के चारों ओर घूमने वाले चाचा को पूरा भरोसा था—''बच्चा रमजान को धूल चटा देगा।''

पाँच-दस मिनट हुए। दोनों पहलवान अखाड़े में दाँव-पेंच लड़ा रहे थे। रमजान ने शंकर को अपनी गिरफ्त में लिया। चाचा पिंजड़े के बाघ की तरह मैदान के चारों ओर बेचैनी से घूमने लगा।

शंकर ने कुशलता से मैदान जीत लिया। ''वाह रे मेरे बहादुर !'' चाचा यह भूल गया था कि वह शंकर का बाप है। उसके लिए शंकर केवल उसका 'पट्ठा' लग रहा था। केवल शिष्य।

शंकर मैदान में कभी भी इतनी देर तक नहीं खेल सका था। रमजान के साथ कुश्ती में टिकना उसके लिए संभव नहीं था। शंकर चमत्कार ही करके कुछ कर सकता था।

''शंकर, भडुए, लकड़ी के गट्ठर की तरह बाँध !'' नाक साफ करते हुए चाचा ने भरे मैदान में अपने पट्ठे को गाली दी।

शंकर सावधान हो गया। गले पर हाथ चढ़ाने के लिए आगे बढ़ता रमजान देखकर, नाक में मिट्टी घुसने का आभास देते, चुटकी से उसने नाक साफ की। वह गीला हाथ उसी तरह आगे बढ़ाया।

उसके गंदे, गीले हाथ से स्पर्श होगा यह सोचकर बिचकते हुए रमजान ने एक कदम पीछे खींच लिया। पल-भर को उसका ध्यान विचलित हो गया। तभी शंकर ने चीते की चपलता से उसके दोनों पैरों को अपने पैरों के जाल में फाँस लिया। और

दरवाजा ढकेलने-सा उसे ढकेल दिया। पैरों को ऐंठकर भारी-भरकम रमजान 'खालिस' दाँव पर देखते-देखते मैदान में चित हो गया। शंकर ने उसे दिन में तारे गिनवा दिये।

''बजरंग बली कीऽ जय ! चाचा उस्ताद कीऽ जय !'' नखरेबाज-सा उछलता-कूदता शंकर मैदान-भर बेहोश होकर नाचने लगा। पुलिस का घेरा तोड़कर चाचा तो सीधे मैदान में घुस गया। अपने पट्ठे को उसने उठा लिया। गाँव वालों ने शंकर के गले में नोटों की माला पहना दी।

शाम को सजी-धजी गाड़ी में विजयी शंकर का बाजे-गाजे के साथ जुलूस निकला। सबसे आगे गुलाल से नहाया चाचा ही नारा लगा रहा था, ''बोलो, शंकर पहलवान कीऽ।'' उत्साही लड़के उसे जवाब देते—''जयऽ !''

प्रत्यक्ष रमजान पहलवान ने भी यदि वह जुलूस देखा होता तो उसे भी विश्वास न होता कि चाचा शंकर का बाप है।

परंतु, बाद में शंकर का मन अखाड़े में नहीं रमा। एक बैंड पार्टी में वह क्लेरोनेट फूँकने लगा। गाँव की किसी लड़की की शादी की बारात निकलती तो अण्णा की परचून की दुकान की बेंच पर बैठा चाचा, नमस्कार करने आए वर-वधू को मन से आशीर्वाद देता और बैंड के शंकर की ओर देखते हुए कहता, ''भड़ुआ नली फूँकता है! बेइज्जत कर डाला मुझे।''

आजरा गाँव की बरसात भी खूब जोरदार थी। मौसम में आकाश रात-दिन चूता ही रहता। उस भारी बरसात में किसी-न-किसी के घर बीमार बूढ़ा या बूढ़ी चल बसते। रात-बेरात 'चाचा' पुकार के साथ चाचा के दरवाजे दस्तक होती। कमीज, टोपी चढ़ाकर चाचा दरवाजा खोलता। आए व्यक्ति को देखकर ही, उसके घर का कौन चला गया, इसका अंदाज चाचा लगा लेता।

''चलो'' कहकर चाचा पैरों में चप्पल डालता हुआ उसके साथ घर से बाहर आता। लोग इकट्ठा करते हुए ही, उस घर जाता जहाँ मौत हुई होती। सारी क्रिया पूरी कर हिरण्यकेशी नदी में नहाकर काँधे पर गमछा डालकर लौटते चाचा को मुहल्ले के लोग भौंहें चढ़ाकर पूछते, ''कौन ?''

गीता का उपदेश देने-सी निर्विकार मुद्रा में मुहल्ले के लोगों को चाचा उत्तर देता, ''लुम्या चमार की बुढ़िया, अर्जुन बढ़ई का दादा।''

सभी जातियों के घर की मौतें, विवाह, नामकरण संस्कार के अवसर पर चाचा गाँव का पूजनीय व्यक्ति होता। बरसाती बादल घुमड़ते ही टोकेकर नामक एक अंधा गाँव में आता। कहाँ से आता; कब आता किसी को मालूम न होता। ''एक पैसाऽ दे दो बाबा।'' भर्रायी आवाज में गर्जना देते हुए वह पूरा गाँव घूमता। शाम हो गई यह वह कैसे समझ जाता पता नहीं, उसके कदम रवलनाथ मंदिर की ओर अपने-आप मुड़ जाते।

मंदिर के सामने की दीप-माला, चिराग़दान, लकड़ी के घेरे पर लाठी

पटकते-टटोलते टोकेकर को देखकर चाचा की सिलाई मशीन 'खर्रर खट्ट' करती हुई रुक जाती।

काँधे की टेप, लटकती रखकर ही चाचा अपनी दुकान के बरामदे से दौड़ता हुआ आता। अंधे टोकेकर की लाठी अपने हाथ में लेकर उसे मंदिर की सीढ़ियाँ चढ़ने के लिए सहारा देता पूछता, ''क्या महाराज, आज कितनी आमद हुई?''

टोकेकर टटोलते हुए सीढ़ियाँ चढ़ता कहता, ''कौन, चाचा? क्या मिलता है!''

अंधे को मंदिर के ओसारे में बैठाते हुए चाचा के कुर्ते से सिक्का बाहर निकलता। टप्प से टोकेकर के डालडा के डब्बे में गिरता।

एक बार शरारती बच्चों ने अंधे का डब्बा गायब कर दिया। पैसों के साथ। शाम को हमेशा की तरह चाचा ने उससे सवाल किया, ''क्या महाराज, आज कितना मिला?''

अंधा सीढ़ियों पर ही रुक गया। ''चाचा, मेरा डब्बा लड़कों ने उड़ा लिया—तेरे गाँव के। पैसे समेत।'' उसने अधिकारपूर्वक अपना मन हल्का कर लिया।

काँधे की झूलती टेप वैसी ही रखकर चाचा धोती का पल्लू सँभालता तुरंत निकल गया। एक घंटे में उसने वे सभी पराक्रमी लड़के खोज निकाले, डब्बे और माल सहित। उन लड़कों के कान पकड़कर चाचा ने उनके माँ-बाप के सामने उन्हें पेश किया। एक भी शब्द बोलने का अवसर न देते हुए, जेब में जो भी खुदरा होगा उसे डालने का ऑर्डर चाचा ने लड़कों के बापों को दे डाला।

उन लड़कों के माँ-बाप के सामने उनकी शरारत के लिए चाचा ने लड़कों को फरमान सुनाया, ''अरे बंदरो, कल से, बारी-बारी से उस अंधे महाराज की लाठी पकड़कर एक घंटा उसे गाँव के मुहल्लों से घुमाकर लाना होगा। किसी ने काम-चोरी की तो याद रखना, चाचा गवंडलकर से पाला पड़ा है।''

अंधे का डब्बा खुदरा पैसों से, दुगुने पैसों से भरा हुआ लेकर चाचा उसके पास आया। डब्बा उसके पास रखता हुआ बोला, ''महाराज, वे लड़के हमारे गाँव के नहीं थे भला। बाजार के लिए आए देहात के लड़के थे। पुलिस उन्हें पकड़कर ले गई। अंधे की आँखों के गड्ढे में पानी उभर आया। उसे बहुत अफसोस हुआ होगा कि सामने बैठे आदमी को देखने के लिए उसके पास आँखें नहीं हैं।

एक बार एक सनसनाती खबर गाँव में घुसी, ''कटुबन में लिपाई की मिट्टी टीले से निकालते समय थलु महार की बहन फँस गई है।'' मिट्टी का ढेर उस पर धसक गया था।

सारा गाँव कटुबन की ओर सरपट भाग रहा था। आगे चाचा था ही। एक जान को बचाने के लिए सैकड़ों हाथ मिट्टी उलीच रहे थे। राख के ढेर से भुना हुआ रतालू जिस तरह निकालते हैं, वैसे ही दम घुटने से प्राण गवाँ बैठने वाली शारू महारिन को चाचा ने खान से बाहर निकाला। वह मर गई है, यह देखकर चाचा उसकी ओर

देखते हुए बोला, ''क्या बच्चे, पेट के लिए कहाँ-कहाँ घुस जाते हैं, मौत की खाई में !''

मिट्टी से सनी शारू महारिन की पार्थिव देह हाथों में उठाकर खान के मुहाने पर खड़ा चाचा मुझे कितना ही बड़ा लगा। आकाश-सा विशाल! सारी इंसानियत हाथों में तौलता हुआ खड़ा!

काफी साल पहले गाँव में लक्ष्मणबुवा मोरजकर सतुरुष ने हिरण्यकेशी के किनारे समाधि ली थी। उनकी पुण्यतिथि के दिन हर वर्ष विट्ठल मन्दिर में कीर्तन आयोजित होता है। उस कीर्तन का समापन शोभायात्रा से होता है। उस शोभायात्रा में माथे पर चंदन लगाये चाचा, गले में मँजीरे डाल, बंद-मग्न आँखों से आगे-पीछे कदम बढ़ाता, ''जय जय बिठोबा रखुमाई'' की गर्जना करता आगे बढ़ता। अपनी देह-संवेदना भूलकर नाचता। यह देखते हुए मुझे लगता कि सैकड़ों मील दूर पंढरपुर-तीर्थ गाँव में पैदल चलकर आ रहा है।

शिवजयंती के अवसर पर बाजार-चौक में खेले जाने वाले ऐतिहासिक नाटक में चाचा की परदे के पीछे केवल एक भूमिका होती। किसी के बिना कहे, स्वयं ही उसने स्वीकार की थी। नाटक के लिए आवश्यक कपड़े इकट्ठा कर लेना और मंचन के दिन विंग के पीछे खड़ा रहकर हर अंक का परदा, रस्सी को झटका देकर गिराना—अचूक।

नाटक शुरू होने से पहले शिवाजी महाराज की एक प्रतिमा लाकर स्टेज के पीछे एक कुर्सी पर उसकी स्थापना कर चाचा उसकी पूजा करता।

गुलाल का टीका हर पात्र के माथे पर लगाते हुए चाचा धीरे-से उसे कहता, ''मंच पर जाते समय महाराज को प्रणाम कर आगे जाओ।''

परंतु, शिवाजी की भूमिका करने वाले गणपत अहीर को चाचा पहले पैर छूकर प्रणाम करता, फिर गुलाल लगाता।

आसपास के देहात के गड़ेरिया मुहल्ले के लोग शुक्रवार को आजरा के बाजार में आते। बेर, करौंदा, शहद, जड़ी-बूटी बेचकर वापस जाते हुए चाचा के घर के सामने समूह में बैठते। कागज की पुड़िया में भजिए खाये गड़ेरियों की अँजुरी में पानी की धार छोड़ते हुए चाचा एक-एक को पूछता, ''क्यों रे नवल, इस साल कौन-कौन गया मैसूर की ओर?'' नवल मूँछ का पानी पोंछता हुआ, पेट के लिए मुहल्ला छोड़कर मैसूर की ओर जाने वाले गड़ेरियों के नाम गिनाता।

गड़ेरिया मुहल्ले उजड़ते जा रहे हैं, इसकी चिंता न तो तहसीलदार को होती और न ही विधायक को, परंतु गड़ेरियों से किसी प्रकार का कोई वैसा संबंध न होते हुए भी चाचा की चर्चा में यह चिंता चिंतित होने की हद तक गहरा जाती।

दलाल लोग गड़ेरियों के जानवर मरे ढोर के भाव माँगते। सारे दलाल मिलकर गड़ेरियों को लूटते। इसे सुनकर एक बार चाचा बाजार गया।

चार छँटे हुए दलाल तरह-तरह का झाँसा देकर वीरू गड़ेरिये का तैयार बछड़ा मामूली कीमत में हड़पना चाह रहे थे।

उसमें से म्हमदा तांबट नामक दलाल काँख में बँधी रोटी की-सी पोटली को बार-बार छूकर वीरू को राजी करना चाहता, "रोटी कसम वीरू दादा, इससे भी उम्दा बछड़ा ढाई सौ में खरीदा कल के नेसरी के बाजार में। झूठ क्यों बोलें हम। तेरा बछड़ा सवा दो सौ में हमारे लिए महँगा ही है, रोटी कसम।" म्हमदा काँख की पोटली पर हाथ रखकर कहता।

रोटी को भगवान मानने वाला वीरू चकरा गया था। चार सौ एक रुपये आँख मूँदकर कोई इस शानदार बछड़े के लिए देगा, फिर भी वह उन लोगों को केवल सवा दो सौ में देने के लिए राजी हो चला था।

दलालों का चल रहा शोरगुल, बरगद के पेड़ के नीचे तिनके से दाँत खोदता, चाचा देख रहा था। वीरू बछड़े का रस्सा खोलने ही वाला था कि चाचा ऐतिहासिक नाटक में शिवाजी की तरह मंच पर अवतरित हुआ।

"क्या वीरू, बछड़ा-वछड़ा खरीदा है क्या?" चाचा ने दलालों को छेड़ते हुए पूछा, "उस गड़ेरिये से।"

"नहीं जी, बेचना है। दे ही दिया समझिए। सवा दो सौ में। इस तांबट को।"

"सवा दो सौ में ! अरे, मैंने कल ही इससे भी अच्छा बछड़ा दो सौ में खरीदा। अडकूर के बाजार में। म्हमदा क्यों खरीदते हो इतना महँगा?"

चाचा ने दलाल को ही घेरना शुरू किया।

"तुम इधर कैसे चाचा ?" म्हमदा जान गया कि बीच में ही आया यह आगंतुक कुछ अड़ंगा लगाएगा।

"मैं जरा मडिलगा गया था। अभी आ रहा हूँ। बहुत भूख लगी है। पेट में चूहे दौड़ रहे हैं। तेरी काँख में यह क्या है म्हमदा? रोटी होगी तो दे यार! थोड़ी खा लूँ।" कहते हुए चाचा ने म्हमदा की पोटली पर हाथ ही रख दिया। म्हमदा को दिन में तारे नजर आने लगे।

"आपको कैसे चलेगी जी हमारी रोटी? मजाक करते हो क्या चाचा?" म्हमदा पोटली को और दबाते हुए चाचा का हाथ झटकने लगा।

"चलता जी हमको, सब कुछ चलता।" कहते हुए चाचा ने उसकी काँख की पोटली छीन ली।

"वीरू दादा, ये लोग तुम-हम जैसी रोटी नहीं खाते। इनकी खास रोटी होती है—देखो !" कहते हुए चाचा ने पोटली वीरू के सामने खोल दी। एक-दूसरे पर उलटी रखी वे हवाई चप्पलें थीं। ! बाहर से बिल्कुल रोटियों-सी लगतीं।

उसे देखकर आँखें चढ़ाते हुए वीरू ने तांबट को एक जोरदार गड़ेरिया छाप गाली दी।

"खाते क्या रोटी?" कहता हुआ चाचा चप्पलों को म्हमदा के थोबड़े तक ले गया।

"अरे, गरीबों को कितना फँसाएगा?" कहते हुए खेड़ेकर की कँटीली बाड़ के उस पार उसने चप्पलें फेंक दीं।

"साढ़े चार सौ से नीचे यह बछड़ा किसी को मत देना वीरू। ध्यान रख।" कहकर चाचा अपनी दुकान की दिशा में चल पड़ा।

पिछले कुछ दिनों से चाचा किसी के साथ ज्यादा कुछ न बोलता। सार्वजनिक कामों से भी उसका मन उचट गया था। गाँव से एक मील की दूरी पर स्थित, हिरण्यकेशी नदी के पानी का झरना जहाँ सतत प्रवाहित होता है, उस 'रामतीर्थ' प्रकृतिरम्य, शांत स्थान पर बैठकर वह घंटों, गिरती धाराओं को निहारता रहता। चाचा जीवन की नाल तोड़ता जा रहा था। सारे रिश्तों की, प्रेम-क्रोध की, गाँव के प्रेम की, गाँव वालों की...

एक दिन बाहर निकलते हुए वह शंकर से बोला, "कल इस समय मैं मरूँगा!" शंकर को यह सच ही नहीं लगा।

उस रात चाचा घर नहीं लौटा। रात-भर झरने के रहस्यमय संगीत के बीच रामतीर्थ के मंदिर में लेटा रहा।

दूसरे दिन किसी ने राम मंदिर के सामने चाचा का निष्प्राण शरीर एक काले पत्थर पर पड़ा देखा।

गाँव वालों ने बाजे-गाजे के साथ चाचा की अंतयात्रा निकाली। दहन विधि हुई और गाँव चाचा को जल्दी ही भूल गया।

पिछली शिवजयंती के अवसर पर मैं गाँव गया। शिवाजी महाराज के पुतले की प्राण-प्रतिष्ठा की योजना तैयार करने की एक बैठक थी। मुझे भी निमंत्रण था इसलिए मैं भी गया था।

नई पीढ़ी के उत्साही कार्यकर्ता, "महाराज का पुतला कैसे स्थापित किया जाए, कम्पाउंड कैसा हो, बगीचा आदि की रचना कैसी होगी, फूलों की निगरानी रखने की जिम्मेदारी के लिए क्या करना होगा..." विविध बातों पर चर्चा कर रहे थे।

मैं चुपचाप सारा कुछ सुन रहा था। बैठक समाप्त होने लगी। चाय आई। मैं सभी कार्यकर्ताओं से कहना चाहता था, "महाराज का पुतला तो स्थापित अवश्य कीजिए, पर उस चबूतरे के छोर पर कहीं एक सुंदर-सा पत्थर भी लगाइए, जिस पर खुदा हो—यहाँ एक बहादुर सिपाही रहता था, जिसका नाम था— चाचा गवंडलकर।"

चाय पीकर कप मैंने नीचे रखा। किन्हीं अज्ञात हाथों से वह कप उठाया जा रहा है, ऐसा मुझे आभास हुआ। कानों में अनायास ही शब्द उभरते-से लगे–"क्या संपादक, कोल्हापुर की खैरियत तो है?"

कुटिया की बुढ़िया

मेरे गाँव से डेढ़-एक मील पर 'रामतीर्थ' नामक एक मनोहारी स्थान है। हिरण्यकेशी नदी के पाट के प्रवाह में दस-बीस हाथ गहरा जल-प्रपात वहाँ संगीतमय आवाज के साथ सतत गिरता-बहता रहता है। किस अनादि युग की हैं किसे पता परंतु बहुत काली चमक लिये हाथी के आकार की बड़ी-बड़ी चट्टान वहाँ फैली हुई हैं। जल-प्रपात के पास चारों ओर आकाश की ऊँचाई नापने वाले वृक्षों की घनी हरियाली फैली है।

रामतीर्थ पर जाकर गरजते हुए गिरने वाले, फेनिलयुक्त जल-प्रपात में कूदना मेरा बहुत पसंदीदा शौक था। उसके विस्तृत कुंड में तैरते हुए ऊपर फैला नीला आकाश देखकर लगता, "पृथ्वी का जन्म अभी-अभी हुआ है। मैं उस पर पहला मानव हूँ। चारों ओर की प्रचंड काली चट्टानों से मैं बाहर आया हूँ। जी-भरकर तैरने के लिए उतरा हूँ। थोड़ी देर में बाहर आने वाला हूँ। ताजा धूप में अच्छी तरह पीठ सेंककर फिर काली चट्टान में खो जाऊँगा····।"

इस रामतीर्थ की ओर जाते हुए दायीं ओर घोड़े की नाल की तरह एक शानदार मोड़ लगता है। उस मोड़ के टीले-सी ऊँचाई पर एक साधारण छोटा-सा मकान दिखाई देता है। आधा खपरैल का और आधा घास का। उस घर के सामने दो-चार पगुराते हुए किसानी-बैल गर्दन टेढ़ी करते हुए, क्षण में चबूतरे पर, क्षण में पीपल के नीचे तो क्षण में बैलगाड़ी की जूँ पर, उछलने-कूदने वाले बकरी के बच्चे, गर्दन की कलगी को भरपूर तानकर बाँग देने वाले मुर्गे, राख के ढेर उलीचते हुए जीवन का अर्थ ढूँढ़ते काले चितकबरे कुत्ते—ऐसा ही नज़ारा दिखाई देता। उस घर को सब लोग "चट्टान पर बसे नायक की कुटिया" कहते हैं।

उस नायक की झोंपड़ी में एक बुढ़िया रहती थी। अब वह नहीं रही। परंतु रामतीर्थ की यादों के साथ उसकी ग्रामीण, चिरस्थायी यादों का जल प्रपात मेरे मन में निरंतर बहता रहता है।

उसके सामने उसे हम 'मामी' कहते। परंतु, उसके बारे में यदि किसी को कुछ कहना होता तो उसका अनजाने ही उल्लेख 'कुटिया की बुढ़िया' के रूप में होता। आज भी मुझे उसका नाम नहीं मालूम।

जब से मैं उसे जानता हूँ, वह बुढ़िया वैसी ही थी। ज्वार के खेत की मेड़ पर

भरपूर दो-तीन वर्षों तक टिकी अरहर के सूखे पौधे की तरह। दुबली-पतली, गोदे हुए हाथ, माथे पर आड़े सिंदूर की उँगलियाँ फिरायी हुईं, दस-गजी सूती साड़ी पहनने वाली, सिर की गेंडुरी पर हमेशा एक पटिया रखती। वह पान खाती, पर मैंने उसे पीक की पिचकारी डालते कभी नहीं देखा।

रामतीर्थ के जल-प्रपात में जी भरकर डुबकी लगाने के बाद चढ़ी हुई धूप सिर पर उठाकर हम घर लौटते। हमारे दाँतों तले हरे-हरे आँवले फूटते होते। 'कुटिया की बुढ़िया' के करीब आते ही प्यास, अंतड़ियों और गले में उछलने लगती।

झोंपड़ी की देहरी पर खड़े होकर मैं बुढ़िया को पुकारता, ''मामीऽऽ।''

''कौन है ? आई रे !'' भीतरी अँधेरे से शब्दों की सुगंध बाहर आती।

''मैं शिवा, पानी दे थोड़ा।'' मेरे प्राण पानी में डूबे रहते फिर भी प्यास से बेचैन रहते।

''धीरज रख।'' बुढ़िया साफ पीतल का लोटा पूरा भरकर लाती। लोटा हाथ में लेकर, ऊपर से ही, मुँह न लगाते हुए पानी गले के नीचे उतारने की जल्दी मचाता और छिड़काव करने-सा पानी जबड़ों से ढुलकता हुआ नीचे गिरता। वह ठंडा स्पर्श बहुत भला लगता। परंतु पेट की प्यास उफन उठती।

''लाओ'' कहकर बुढ़िया लोटा फिर अपने हाथों में ले लेती। पानी की धार ऊपर से छोड़ती। मैं हाथों की अँजुरी परनाली-सी बनाकर पानी पीने लगता। पहली ही घूँट के साथ, आँवला खाने के कारण पानी का मधुर स्वाद मुँह में बस जाने के साथ ही उससे भी मधुर बुढ़िया के शब्द कानों में टकरा जाते, ''कहाँ भटक रहा था—मेरा बच्चा? तू तो अमराई का है न? दादा का बेटा? बाप गया और तुम लोगों की क्या दुर्दशा हो गई रे ! हाँ, आराम से पी।''

दादा की—मेरे पिता की याद उसके लोटे की धार-सी अज्ञात कलश से टपकने लगी। पानी पीकर तृप्त हुआ, मैं बुढ़िया को निहारता। शायद ऐतिहासिक नाटक या गढ़-किले देखने के कारण होगा, मुझे यूँ ही लगता, ''शिवाजी महाराज की माँ जिजाऊ ऐसी ही होगी? नहीं, जिजाऊ गोरी होनी चाहिए। तो ? जिजाऊ की दासियों में से कोई तो इससे मिलती-जुलती होगी।''

''मामी, शंकर कहाँ है ?'' मैं बुढ़िया के बेटे की पूछताछ करता। शंकर बुढ़िया का अंतिम बेटा था। बुढ़ापे की अंतिम संतान में माँ-बाप की जान किस तरह अटकी होती है, इसका उत्कृष्ट उदाहरण शंकर था। शंकर, बुढ़िया का एकमात्र 'स्कूली' बेटा। बाकी सब हल जोतने वाले।

शंकर की बात छेड़ने पर बुढ़िया की काई-सी आँखों में एक अजीब-सी चमक उभरती। शंकर को अपनी आँखों के सामने पाती-सी बुढ़िया कहती, ''वह पढ़ने गया है। अब आयेगा। रास्ते में भी तुझे मिल सकता है।''

बुढ़िया क़ी झोंपड़ी के सामने घने पीपल की छाँव में खड़े रहते हुए मुझे लगता,

''यह नायक की बुढ़िया इस शीतल घनी छाया की तरह ही है। कुल्हड़ में जमाए गाढ़े दही में उसने अपनी ज़ुबान डुबोयी होगी।''

बुढ़िया का पति बाला नायक। खालिस किसान। आधी बाँह की कमीज, पगड़ी और तुकाराम महाराज के चित्र में दिखने वाली धोती-सा उसका पहनावा होता। बाला मामा हमसे कभी कुछ न बोलता। ज्यों सैकड़ों वर्षों से वह केवल गाँव के खेतों से, मिट्टी से ही बतियाता रहा। और अब कहीं सच्चे मन की बातों को रास्ता मिल गया है, इस अंदाज में 'बाला मामा' कहीं गुम होता। किसी अंग्रेज अभिनेत्री की जुल्फों की ज्यों लाली लिये हुए सुनहरी लटें होती हैं, वैसे बाल बाला मामा के हाथ-पैर पर होते। स्कूल के कोमल दिनों में, कच्ची धूप की खपरैल से छनकर आती किरणों में उसके चमकते लाल रोयें देख मुझे एक मजेदार कल्पना सूझती, ''बाला मामा सच्चा किसान है। अपने खेत की लाल मिट्टी से उसका इतना गहरा नाता जुड़ गया है कि यह लाल रंग का कंबल उसे प्रदान किया गया होगा।''

बुढ़िया को सब 'कुटिया की बुढ़िया' कहते फिर भी बाला नायक को 'बाला मामा' कहते। कभी जब गाँव आता और बाजार-हाट की थैली अपने घर भिजवानी होती तो रामतीर्थ जाने वाले व्यक्ति को रोककर स्वयं बाला मामा ही कहता, ''चट्टान पर की बुढ़िया का घर तो मालूम है न? यह थैली पहुँचाएँगे क्या उस बुढ़िया तक?''

बुढ़िया के घर के सामने कुछ दूरी पर एक पगडंडी है। उस पगडंडी की पश्चिम दिशा में एक मंदिर का छोटा-सा गुंबद है। 'तुकाई' उस देवी का नाम है। बुढ़िया के खेत से लगकर एक कोने में तुकाई कितने वर्षों से है किसे पता। बुढ़िया का खास विश्वास था, ''तुकाई की कृपादृष्टि खेत की खड़ी फसल पर रहती है।''

हर दशहरे पर तुकाई के सामने बकरा कटता। बाँस की लिपी-पुती टोकरी सिर पर उठाकर, कुटिया की बुढ़िया नवरात्रि का निमंत्रण लेकर हमारे घर आती।

मेरी माँ के सामने वह अपने मन की सारी बातें खोलकर रख देती। आँगन में खड़े रहकर पुकारती, ''भाभीऽ, जरा बाहर आइए।''

माँ के बाहर आने पर उन दोनों की गप्पें खूब जमतीं। बुढ़िया यह भूल जाती कि वह नवरात्रि के नैवेद्य का निमंत्रण देने आई है। अपने बेटे शंकर की पढ़ाई कैसे की जाए इसकी सलाह पूछते समय बुढ़िया अपनी खेती-बाड़ी, घर-बार सब कुछ भूल जाती। माँ उसे घर ले जाकर चाय देती।

''आती हूँ भाभी'' कहती हुई बुढ़िया हमारे घर के सामने के कम्पाउंड के दरवाजे तक जाती और फिर लौट आती। ''देखो न भाभी, याद ही नहीं रहता, बच्चों को तुकाई के नैवेद्य के लिए शाम को कुटिया में भेज देना।''

तुकाई का मंदिर दो-एक मील पर होने के कारण मेरे भाई वहाँ जाने में आना-कानी करते। मैं कोई साथी लेकर, इमली के घने छायादार वृक्षों के बगीचे से 'तुकाई' के गुंबद की ओर आता।

बरगद के पत्तों की पत्तल पर रखा 'नैवेद्य' कंबल पर बैठकर खाते हुए कोई खास 'स्वाद' मुँह में व्याप्त हो जाता।

बुढ़िया की देवी की कल्पना सचमुच समझ से बाहर थी। वह अविधवा नवमी को बाजार से नई कोरी दो साड़ियाँ खरीदती। श्रीपाद पंडित से मिलकर कुटिया आने का न्यौता देती। पूजा का सारा सामान थाली में रखती। श्रीपाद पंडित को लेकर हिरण्यकेशी नदी पर आती। पंडित लगातार मंत्रों का जाप करता। बुढ़िया द्वारा पाला-पोसा गया 'महादू' नामक चरवाहा-लड़का लंगोट कसकर तैयार रहता। पंडित के कहने पर बुढ़िया हिरण्यकेशी पर हल्दी, सिंदूर-फूल चढ़ाती। दोनों साड़ियों को हाथ में रखकर पंडित कहता, "हाँ, इसे हाथ लगाइए माँ जी।" बुढ़िया साड़ी को हाथ लगाती और पंडित उसकी तह से एक छोर महादू के हाथ में देता। महादू पानी में एक हाथ से तैरता हुआ दूसरे किनारे जाता। दूसरे हाथ से वह साड़ी का छोर पानी से स्पर्श न हो इतनी ऊँचाई में रखा होता।

उस किनारे गया महादू पंडित को संकेत करता। ऊपर नीला आकाश-पुरुष और नीचे कलकल, उछल-कूद करती, जीवन-संघर्ष करती हिरण्यकेशी नदी के बीच पंडित और महादू साड़ी का अंतःपट पकड़े होते। उसे वे दो-तीन बार लहराते हुए ऊपर-नीचे करते। पंडित आकाश की ओर देखकर कुछ बुदबुदाता और पंडित तथा महादू उफनती हिरण्यकेशी को क्षण-भर ही क्यों न हो गाँव की सीमा में रोककर उसे 'साड़ी' पहनाते।

लालची-सी हिरण्यकेशी साड़ी का उपहार समेटकर सरपट भागती। उसके बहाव में दूर तक जाने वाली साड़ी को देखते हुए 'कुटिया की बुढ़िया' पिघलने लगती।

उसका सादगी-भरा ग्रामीण मन आँखों के द्वार से बहता हुआ गालों पर उतर आता।

श्रीपाद पंडित द्वारा दिया नारियल का प्रसाद खाते हुए मेरे सामने एक सवाल होता कि "बुढ़िया द्रवित क्यों हुई होगी ?" उन दिनों उस सवाल का जवाब कभी नहीं मिला। आज मिल गया है।

चोली का कपड़ा-नारियल और साड़ी का, 'सुहागिन' का उपहार लेकर बहने वाली नदी को देखती हुई बुढ़िया के मन में विचार आते होंगे, "मेरे पति के होते हुए ही मेरी देह की नाव तेरे किनारे लग जाने दे! तुम-सी सुहागिन नजरों से पति को देखते हुए तुम्हारे पास अंतिम साँस लेने दे!"

ठंड के दिनों में वॉलीबाल खेलकर हम शाम को मंदिर में भगवान के दर्शन लेकर लौटने लगते, तब बुढ़िया दूध देने आती रास्ते पर दिखाई देती।

साथी खिलाड़ियों को छोड़कर मैं चुपचाप रास्ते के किनारे बुढ़िया के घर आता। मैं जब तक उसकी पूछताछ करता तब तक उसके सिर पर रखी डलिया नीचे आती। सामने डलिया रखकर बुढ़िया, चवली की मुलायम फल्लियाँ मुट्ठी-भर लेकर मेरी

अँजुरी में रखते हुए कहती, ''अब बड़े हो गए हैं बाबू। कुटिया की तरफ तुम्हारे पैर कभी नहीं मुड़ते, लो।''

उसकी चवली की फल्लियाँ रास्ते से ही खाते हुए आगे चलते समय मुझे किसी भी बात का भान न रहता। लगता, इस बुढ़िया का और मेरा बहुत गहरा कोई नाता है। पर कैसा है कुछ समझ न पड़ता।

बुढ़ापे की संतान शंकर में बुढ़िया की जान अटकी रहती। अपना शंकर अच्छे कपड़े पहने। पुस्तकें पढ़े, 'बहुत बड़ा' बने, ऐसा बुढ़िया को लगता। इसके लिए वह मन से अपना भोला प्यार न्यौछावर करती रहती। बाला मामा को कानोकान खबर लगे बिना वह सिर की डलिया में सोलह-एक सेर चावल भरकर मेरी माँ के पास आकर कहती, ''भाभी, बड़ी तंगी है। शंकर को पैसा चाहिए। इतना चावल लो और बीस रुपये दो।'' वक्त को अपने गोदे हाथों में पकड़ने वाले उसके शब्द सुनते ही मैं कहीं भीतर तक दहल जाता।

''मामी पैसे ले जा। उसके बदले चावल क्यों ? शंकर कोई पराया थोड़े ही है। मेरे जैसे चार हैं, वैसा ही वह पाँचवाँ।'' माँ, बुढ़िया को स्त्रीपन का आधार देती कहती।

''ऐसा कैसे ? आपकी भी गृहस्थी है। घर में देखभाल करने वाला व्यक्ति नहीं है। यह चावल आपके घर गिरवी रहने दीजिए।'' कई बरसातों की मार की साक्षी बुढ़िया, वनवासी कुंती की तरह समझदारी की बातें करती।

शंकर पढ़ रहा है, यह उसकी भाभी को न सुहाता। वह शंकर को आगा-पीछा न देखते ताने कसती। उसकी तानों के निशान बुढ़िया के झुर्रीदार कलेजे में उभरते।

''चुड़ैल मेरे बेटे को सुख से जीने नहीं देगी भाभी। एक बार इस बच्चे के हाथ पीले हो जाएँ बस··· फिर इस हड्डी की खाद गाँव के बाहर फेंकने के लिए मैं मुक्त हो जाऊँगी।'' बुढ़िया अपने मन की परत-दर-परत अपनी ग्रामीण शैली में मेरी माँ के सामने खोलकर रखती। उन पर्तों की गहराइयों में चमकदार मोती-सा साफ मन देखते हुए मेरे मन में बुढ़िया रह-रहकर उभरती रहती।

हर शिवरात्रि में रामतीर्थ पर विशाल मेला लगता। उस दिन बुढ़िया, गीले कपड़े से ढँकी मिट्टी की दो बड़ी गागर अपने चट्टान के घर के सामने रखकर हाथ में लोटा लेकर खड़ी होती। उस दिन कम-से-कम दस-बीस अनजान लोग उसकी छत तले सहारा लेते।

बिना भूले हिरण्यकेशी को 'साड़ी चढ़ाकर' बुढ़िया मन्नत मानती—परंतु··· हिरण्यकेशी बेईमान हो गई ! एक शाम बाला मामा खेत से मेहनत कर लौटा। कंबल पर बैठकर हिरण्यकेशी के पानी के दो घूँट गले से नीचे उतारे होंगे और बाला गामा के खास किसानी प्राणों का निचुड़ा हुआ वस्त्र काल की नदी के साथ बहता गया ! अपने शरीर की लाल, सुनहरे रंग के बालों की कंबल—''यह ले माँ तेरा बोझ। बहुत थक गया।'' कहते हुए बाला मामा ने वह सब लाल मिट्टी को लौटा दिया।

बाला मामा के गुजरते ही बुढ़िया की रीढ़ ही टूट गई। केवल शंकर के लिए अपने जीवन की टोकरी सिर पर उठाकर दिशाहीन चलती लगती। इसी समय मैं गाँव छोड़कर कोल्हापुर आ गया। काफी दिनों बाद मेरी शादी हुई तब कुलदेवता के दर्शनों के लिए पत्नी के साथ गाँव आया। अब बुढ़िया 'चट्टान का घर' छोड़कर गाँव में रहने आई है, यह मुझे मालूम हुआ।

देवदर्शन के बाद मैं पत्नी के साथ बुढ़िया के अंधे घर में गया। छिंदी की चटाई पर, गुदड़ी ओढ़कर बुढ़िया लेटी थी। उसकी बगल में एक ढिबरी भभक रही थी।

मेरे जाते ही बुढ़िया बिछौने से उठ बैठी। हम दोनों ने उसे प्रणाम किया। मैं चटाई पर बैठ गया। बुढ़िया अपने शंकर की ओर देखती हुई डूबती आवाज में बोली, "जोड़े से आए हैं, मुँह मीठा कर रे बाबा उनका !!" शंकर ने हमारी हथेलियों पर शक्कर के चम्मच उलट दिए।

"बहुत अच्छा किया बेटे। पिता का नाम ऊँचा किया। शंकर कागज पढ़ लेता है।" बुढ़िया का ग्रामीण मन एक-एक शब्द से प्रस्फुटित हो रहा था। मैं संवेदनाहीन होकर उसका एक-एक शब्द केवल सुन रहा था। बुढ़िया इस बीमारी से उठ नहीं सकेगी, इसका अहसास मुझे परेशान कर रहा था।

आँवला खाने के बाद पानी की घूँट से उठा मधुर स्वाद, चवली की फल्लियाँ, देवी माँ का नैवेद्य, पानी की बहती धार, हिरण्यकेशी के प्रवाह में लगी निचुड़ी नई साड़ी आदि में मेरा मन डूबता-उतराता, चक्कर खाता रहा। ढिबरी भभकती ही रही।

नेपोलियन को बचपन में उधार के आँवले खिलाने वाली वह मौसी मुझे याद आयी। मैं नेपोलियन नहीं था। परंतु वह बुढ़िया नेपोलियन की मौसी से कई गुना बड़ी लगी। सारी दुनिया जीतकर आया नेपोलियन, दृष्टिहीन, बिस्तर पकड़ी हुई उस मौसी से भेंट करते हुए घुटने टेककर बोला, "मैं तुमसे उधार आँवला खाने वाला वह आवारा स्कूल बॉय हूँ।" मैं भी उस बुढ़िया को यही कहना चाहता था, "मामी प्यास लगी है, लोटा-भर पानी दे।" फिर बुढ़िया भरपूर भरा हुआ लोटा लेकर उससे पानी की धार मेरी अँजुरी में डालते हुए कहेगी, "कहाँ भटक रहा है रे मेरे बछड़े!!"

काफी देर बुढ़िया के साथ घरेलू घनिष्ठता की बातें कर हम दोनों जाने के लिए उठे। घर की बहुएँ भूल गई थीं, पर बिस्तर पकड़ी बुढ़िया नहीं भूली थी। रसोईघर की ओर देखती हुई बुढ़िया बोली, "अरी सुहागिन आई है। कोई तो इसके माथे पर सिंदूर लगाओ !" बुढ़िया की आवाज मेरे कलेजे को चीर गई।

बुढ़िया के घर से बाहर निकलते ही मैंने पत्नी से कहा, "देखा, अब ऐसे लोग नहीं मिलेंगे।"

देवी की संपूर्ण पूजा कार्यक्रम पूरा कर, सत्यनारायण की पूजा कर, बुढ़िया को प्रसाद देकर मैं कोल्हापुर लौट आया। कुछ दिनों में मुझे एक पोस्टकार्ड मिला—

“*प्रिय शिवाजी,*

कुटिया की तेरी माँ गुजर गई। मरते समय तुझे उसने याद किया।

—तेरा शंकर”

आज भी जब मैं गाँव जाता हूँ तो रामतीर्थ के झरने के कुंड में तैरता हूँ। कुंड के चारों ओर विशाल चट्टानों पर काला मुलम्मा चढ़ा हुआ था। कच्ची धूप में वह खूब चमकता है। उसे निहारते हुए मुझे लगता है, “मैं नहीं··· कुटिया की बुढ़िया ही” इस अभी-अभी जन्मी पृथ्वी की सबसे पहली स्त्री थी। आदिस्त्री ! उस चट्टान पर चढ़ी काई की परत में वह कहीं खो गई है। बहुत दूर चली गई है। कभी न लौटने के लिए !”

मैं पागलों की तरह चट्टान पर चढ़ी उस चमकीली परत को एकटक निहारता हूँ। पल भर ही, पर एक अलौकिक आभास होता है। वह परत कह रही है, “बेटे, कितनी देर से तैर रहा है? अब बाहर आ···!”

संपादक

पाँचवाँ सावंत

वैसे हम चार भाई हैं, चारों के नाम तीन अक्षरों के हैं—विश्वास, तानाजी, मंगेश और हम राम शिवाजी। इनमें से तीन तो जोरदार ऐतिहासिक हैं। एक है ईश्वर का नाम—मंगेश। इस नाम में कहीं भी रामायण का 'राम' नहीं या महाभारत का 'कृष्ण' नहीं। यह कमी दूर करने के लिए शायद, एक लंबा-चौड़ा, चार अक्षरों वाला नाम हम चार भाइयों से आ मिला है। मैं उसे हमेशा ही 'पाँचवाँ सावंत' कहता हूँ। वह नाम है—'जयराम'!

जयराम आजकल पुणे की 'सहकारी जगत्' पत्रिका का संपादक है। कभी गाँवों के भोलेपन को अपने में उँड़ेलकर महकता हुआ जयराम, आज पक्का 'पुणेवाला' हो गया है। फिर भी हम चारों भाइंयों के लिए वह आज भी 'पाँचवाँ सावंत' ही लगता है।

बवंडर के साथ उड़ते हुए तिनके की भी अपनी एक दिशा होती है। कम-से-कम भँवर की हवा की। परंतु आदमी के जीवन में कौन-सा क्षण क्या मोड़ लेकर आएगा, कहना मुश्किल है। जब-जब मैं जयराम को देखता हूँ, यह बात पूरे यकीन में बदल जाती है।

जयराम ! कोल्हापुर जिले के, किसी आले में रखे आजरा तहसील के, और चार मील भीतर घुसे और दूरदराज के गाँव सोहाले का—देसाईपुत्र !

इकलौता ही। उसके बाद कोई भाई नहीं। लेकिन बहनें दो। जयराम के पिता—राघोजी उसके बचपन में ही गुजर गये। जयराम की माँ का नाम 'कमलाबाई'। बहुत सहनशील और परिश्रमी स्त्री। बहुत कम बोलने वाली, पर अपने दृढ़-निश्चय से कमला ने अपना नाम सार्थक कर दिखाया है, यह जयराम की ओर देखने पर मुझे आज लगता है। ज्यों तकदीर की बाँह पकड़कर उसने पहाड़ी-गँवई स्वर में चुनौती दी हो, "खबरदार, माथे का सिंदूर छीनने तक मैंने तुम्हारी शक्ति मानी; पर मेरे बेटे का नाम 'जयराम' है। उसके आड़े आई तो आँख नहीं उठाने दूँगी।"

किसी भी प्रकार का सहारा न होने के कारण कच्ची उम्र में ही जयराम पढ़ाई के लिए अपने चचेरे भाई के पास आया। इस चचेरे भाई की पूरे आजरा में ख्याति थी। पूरी तहसील को पावरोटी और बटर की आपूर्ति के लिए उसकी एक बेकरी थी।

उसका नाम था, 'हिंदमाता बेकरी'। किस कल्पनाशील व्यक्ति को यह नाम सूझा, भगवान जाने ! पर यह सच था कि जयराम अपनी माँ को छोड़कर इस 'हिंदमाता' की शरण में आ गया।

किसी भी सहारे के बिना, कच्ची उम्र में, प्रारंभिक शिक्षा हासिल करना, वह भी अपना गाँव-घर छोड़कर, इसकी तकलीफ तो वे ही लोग जान सकते हैं, जिन्होंने इसे भोगा हो। ऐसे कितने ही बुकर-टी-वाशिंगटन जीवन की अंधी खदानों में संघर्ष करते हुए अपना रास्ता ढूँढ़ते रहते हैं।

जयराम को पढ़ना था, कड़ी मेहनत-मजदूरी के साथ। 'हिंदमाता बेकरी' का पावरोटी का आटा और बटर सानना, बेकरी की भट्ठी का चबूतरा गोबर से लीपना, शुक्रवार को बाजार के दिन ''येऽऽ लोऽऽऽ रेऽ, येऽऽ लोऽऽऽ रेऽ सिर्फ एक आने में।'' इस तरह चिल्लाते रहना, धूप-प्यास में सोडा-लेमन की बोतलें बेचना, ऐसे जो भी काम होते जयराम ने किए। इस दौरान वह जो मेरे करीब आया वह 'हुतूतू' और आज के 'कबड्डी' इस खेल के कारण। दिन-भर मेहनत करने वाला जयराम शाम को नियमित रूप से कबड्डी के मैदान में आता। मैदान पर जयराम हँसमुख और खिलाड़ी स्वभाव का होता। आज यही बात उसके लिए सबसे अधिक उपयोगी सिद्ध हो रही है।

शायद अभावों से छले जाने के कारण जयराम पढ़ाई में 'होशियार' था। गणित में पूरे अंक लेने अच्छा, शानदार निबंध लिखने के कारण शिक्षकों और सहपाठियों के बीच वह लोकप्रिय था। जैसे कोई खानदानी ज्यू जहाँ भी जाए वहाँ अपनी जगह बना लेता है, ठीक उसी तरह जयराम ने अपनी एक विशिष्ट जगह बना ली।

मैं जयराम से दो-एक साल आगे था। फिर भी पता नहीं क्यों हम सभी भाइयों के प्रति जयराम स्वाभाविक अपनापन अनुभव करता। मेरी माँ को वह 'मौसी' कहता। बड़े भाई को 'दादा', उससे छोटे को 'मंगेश दादा' कहता। उसका अपना एक दर्शन था, स्वयं ही खोज निकाला था उसने। पुणे के बाजार वाले जिस प्रकार आठ साल की बच्ची से साठ साल की बुढ़िया को 'ताई' कहते हैं, धांगड़ जाति के लोग, दूसरी जाति की स्त्रियों को 'दीदी' कहते हैं, इसी तरह जयराम ने गाँव की बड़ी उम्र की स्त्रियों से 'चाची, भाभी, मौसी, बुआ, दीदी-ताई' जैसे आत्मीय रिश्ते जोड़ रखे थे। इन रिश्तों को जोड़ने में, जोड़ने वाले का कोई नुकसान नहीं होता। परंतु, जिनसे यह रिश्ता जोड़ा जाता है, उनके सामने अनजाने ही एक कर्तव्य खड़ा हो जाता है। ऐसे रिश्ते जोड़ने वालों का, महाभारत का श्रीकृष्ण आदिगुरु होगा।

जब तक जयराम आजरा में था, तब तक उसे इन रिश्तों ने भरपूर आत्मीयता दी। बड़े-बूढ़ों के साथ विनम्रता से पेश आने वाला जयराम, हमउम्र स्कूली लड़कों के साथ कभी-कभी कठोर हो जाता। गरीबी और हालातों को लेकर यदि कोई उसे छेड़ने की कोशिश करता तो समझ लीजिए कि यह पट्ठा असली दुश्मनी मन में रख

लेता। उसके लिए वह अपने मोजे में या नाभि के पास खंजर रखता, स्कूली उम्र से ही!

'साइकिल' उस समय जयराम के लिए 'विलासिता' की बात थी। अपने चचेरे भाई की साइकिल कचहरी से रवलनाथ के मंदिर तक चलाते हुए जयराम उस पर इस शान से बैठता जैसे वह रोम का जुलियस सीजर या हर्क्युलिस हो। पर, हमारा यह हर्क्युलिस साइकिल पर, बनियाइन और खाकी हाफपैंट के शानदार परिधान में होता!

आंदोलनकारी जयराम ने एक बार पूरे गाँव में तहलका मचा दिया। चार छँटे हुए लड़कों को साथ लेकर सीधे शिक्षणाधिकारी और शिक्षक के खिलाफ पत्र ठोंक दिया। बस! शिक्षा को छोड़, ऐसे काम में अधिक ध्यान देने वाला शिक्षा विभाग बड़ी तत्परता से अपने काम में लग गया। जाधव नामक जाँच अधिकारी ने दो-एक दिन में लिपिकों के दल-बल सहित आजरा में डेरा डाल दिया। क्रांतिकारी जयराम को इसकी भनक लगी। अपने सहकारी लोगों के साथ उसने कचहरी के बगीचे में एक बैठक ली। नाटक की तरह सहयोगियों का पूर्वाभ्यास लिया। सबको कड़ी चेतावनी दी—''मेरे संकेत से पहले कोई कुछ नहीं कहेगा।'' (और जैसा कि तय किया गया था, जयराम किसी को भी संकेत करने वाला नहीं था। अर्थात् वह स्वयं ही सारा प्रतिवाद करने वाला था।)

जाधव साहब ने एक-एक प्रश्न पूछना प्रारंभ किया। किसी को भी पूछे प्रश्न के उत्तर जयराम सफाई से देने लगा। कुछ ही देर में यह बात साहब के ध्यान में आ गई। उन्होंने जयराम को चुप बैठने के लिए एक चक्करदार सवाल उछाला, ''देसाई, आप एक गरीब विद्यार्थी हैं, ऐसा कहते हैं। यह भी कहते हैं कि पढ़ने के लिए गाँव छोड़कर यहाँ आए हैं और बीच-बीच में बोलते हैं। ऐसा नहीं लगता कि आप गरीब होंगे या आपको पढ़ना है।''

बीरबल की तरह महामहिम जयराम पंत ने तपाक से उत्तर दिया, ''सही है साहब, मैं गरीब ही हूँ; परंतु गरीबी का जवाब देने से क्या संबंध?''

गुगली की तरह सटीक उत्तर से जाधव साहब कुछ विचलित हुए। किसी तरह उन्होंने 'जाँच' पूरी की। परिणाम एक ही रहा—''जयराम के साथ सारे आरोपी निर्दोष!''

सातवीं की परीक्षा के परिणाम लगे और जयराम का हमसे बिछड़ने का क्षण, उसे और हमें मालूम न होते हुए चुपके से आ गया। सातवीं की परीक्षा में जयराम तहसील में प्रथम आया। उसके जोड़े हुए काका, दादा, भाभी, मामी, मौसी, दीदी सबने उसकी भरपूर सराहना की। ''अकेला लड़का कठोर मेहनत से पढ़ा। सबको पीछे धकेलकर पहला आया।'' उसके बारे में, गाँव के भोलेभाले लोगों का निःस्वार्थ प्रेम उसकी तारीफ के रूप में व्यक्त होता।

वे दिन परीक्षा के बाद गर्मियों की छुट्टी के थे। गाँव से मील-भर के फासले पर 'रामतीर्थ,' हिरण्यकेशी नदी के झरने के किनारे दो-तीन तहसील के शिक्षकों का एक ग्रीष्मकालीन शिविर आयोजित किया गया था। उस शिविर में गारगोटी गाँव के एक शिक्षक आबा भोसले आए थे। आबा 'शिक्षक' कम, कार्यकर्ता बड़े थे। उनके कानों तक 'जयरामकथा' पहुँची। बुजुर्ग आबा ने दो-तीन युवा-शिक्षक रामतीर्थ से आजरा के लिए रवाना किए, जयराम को ले आने के लिए। इस समय जयराम आसपास से बाजार के लिए आए धूप में बेहाल हुए लोगों को ठंडा सोडा, लेमन पिलाने में मग्न था।

उन शिक्षकों ने बहुत आग्रह कर जयराम को रामतीर्थ लाने में सफलता हासिल की। आबा भोसले ने आत्मीयतापूर्वक पूछताछ की। अंत में एक प्रस्ताव उसके सामने रखा—''गारगोटी चलोगे? नाईक साहब की एक संस्था है। वहाँ अगली पढ़ाई होगी। निवास-भोजन की व्यवस्था हो जाएगी।''

उन दिनों भारत के ख्याति प्राप्त शिक्षाविद् जे. पी. नाईक ने गारगोटी में 'मौनी विद्यापीठ' नामक एक ग्रामीण विभाग के विद्यार्थियों के लिए सभी प्रकार की शिक्षा देने वाली उद्देश्यपूर्ण संस्था शुरू ही की थी। उसका लाभ जयराम जैसे होनहार, ग्रामीण युवक को मिल सकेगा, ऐसी इच्छा भोसले की थी।

जयराम ने अपने चचेरे भाई की सलाह ली और गारगोटी जाने का फैसला कर लिया। यह खबर सारे गाँव में फैल गई। गारगोटी जाने से पहले जयराम मेरे घर आया, विदा भेंट के लिए। मेरी माँ ने उसे कुछ खाने के लिए दिया। चाय दी। माँ के चरण-स्पर्श करते ही जयराम की आँखें भर आईं। ''आता हूँ मौसी। दाद्रा आता हूँ।'' केवल इतने ही उसके शब्द। परन्तु उन भीगी पलकों और गीले शब्दों से दूसरे गाँव जाने वाला जयराम हमारे अधिक करीब आ गया। उसे सीने से लगाकर मेरा भाई मंगेश बोला, ''कुछ जरूरत होने पर पत्र लिखना। छुट्टियों में यहाँ आना। कुशल-मंगल की जानकारी देते रहना।'' मंगेश उसे चित्रकला के पाठ पढ़ाता रहता था।

घर के सामने के कम्पाउंड के फाटक तक मैं जयराम को विदा देने आया। मेहनत से कठोर और खुरदुरा हाथ उसने मेरे हाथ में रखा। परन्तु, आधे तप से सानता आया, बेकरी के आटे से भी नरम और आत्मीय शब्द उसके होंठों से बाहर आए, ''आता हूँ शिवाऽ।'' किसी अनजान भावना से उसकी आँखें भर आई थीं। सर्दियों में दीवाली के लिए चुनते सफेद अमलतास पर ओस की काँपती बूँद ज्यों डबाडबा आई हो। पल-भर हम एक-दूसरे को देखते रहे। उसका हाथ आत्मीयता से दबाता हुआ अपने मन की भावना को दबाकर मैं बोला, ''जाओऽ!''

जयराम आजरा छोड़कर गारगोटी के लिए रवाना हो गया। बिजली की रोशनी, घंटे-भर में अचानक क्षण-भर ज्यों चमक उठती है, ठीक उसी तरह बाद में लगभग

दस वर्ष जयराम से मुलाकात होती। साल में कभी छुट्टियों में वह आजरा आता। बिना भूले घर आता और घंटों माँ के साथ बतियाता रहता। बहती हवा-सा वह चल देता। परंतु, उसकी सफलता की बातें किसी-न-किसी से कानों में आती रहतीं। ''जयराम मेस में काम कर पढ़ता है। मौनी विद्यापीठ के निदेशक श्री भा. म. सावे, डॉ. चित्राताई नाईक ने जयराम को अपने ही निवास पर रख लिया है। अमेरिका से गारगोटी आकर रह रहीं हेलन मूस जयराम की आत्मीयतापूर्ण पूछताछ करती हैं। जयराम अच्छे अंकों से मैट्रिक पास हो गया है। जयराम रूरल सर्विसेज के डिप्लोमा कोर्स में भर्ती हो गया है। विश्वविद्यालय के चुनाव में जयराम चुना गया है।'' ये सब सुनते हुए बहुत अच्छा लगता। कभी-कभार यदि जयराम आजरा के किसी मित्र को पत्र लिखता तो उस पत्र का आधा हिस्सा गाँव वालों को नामवार नमस्कार-प्रणाम से ही भर जाता।

इस बीच मैं भी मैट्रिक के बाद आजरा छोड़कर कोल्हापुर के इतिहास-वैभवी नगर में दाखिल हुआ। अब तो जयराम और मेरा संपर्क लगभग टूट ही गया। जब मैं आजरा जाता तो जयराम गारगोटी में और जब वह आजरा आता तो मैं कोल्हापुर में। कभी-कभी प्रेम के रिश्तों को लुका-छिपी का शाप मिल जाता है।

कोल्हापुर में मेरा मन कॉलेज की पढ़ाई में कभी नहीं रमा। क्योंकि यह शिक्षा एक ओर नौकरी कर हासिल करनी पड़ रही थी। नौकरी मेरे लिए 'मजबूरी' थी, 'चुनाव' नहीं। इस कारण नौकरी में मन लगे ऐसी बात नहीं थी। वैसे कोल्हापुर में खेलों की स्पर्धाएँ, कुश्ती के मैदान, नाटक, संगीत-गीतों की महफिल, भाषण-ये सब मुझे आकर्षित करने वाली काफी बातें थीं। साथ ही कोल्हापुरी आदमी का एक जीवंत ताजगी-भरा जीवनवाद मुझे बाँधकर रखता। जिस राजाराम हाईस्कूल में मैं नौकरी कर रहा था, वहाँ गाँव-देहात से आए कई उत्साही लड़कों के फव्वारे-सा जीवन मेरे आसपास था। मैं कोल्हापुर में जो रमा उसके ये कारण रहे।

इस दौरान जयराम अपना डिप्लोमा सफलतापूर्वक पूरा कर नौकरी के लिए पुणे रवाना हो गया था। मुझे लगता है जयराम के जीवन को अनपेक्षित मोड़ देने वाली यह घटना थी—नौकरी स्वीकार करना। यह नौकरी भी सहकार-जगव् की। और वह भी इन्स्ट्रक्टर की। सहकारी आंदोलन की शिक्षा लेने वाले विद्यार्थियों को गाँव-गाँव शिक्षा देते हुए घूमना जयराम की नौकरी की आवश्यकता थी। ज्यों बचपन में छोटे-बड़ों से, आजरा के लोगों से प्राप्त प्यार अब उसे ब्याज सहित लौटाना था। क्योंकि उसकी नौकरी वेल्हे, इंदापुर, बारामती जैसे पुणे के आसपास के ग्रामीण क्षेत्रों से जुड़ी हुई थी।

पाँवों में बँधी यात्राओं के साथ जयराम गाँव-गाँव में सहकारी प्रशिक्षण की कक्षाएँ चलाता घूमता। इस यात्रा में उसे एक बार बहुत मार्मिक अनुभव हुआ। एक प्रशिक्षण कक्षा के समय, पुणे के सहकार क्षेत्र के नामी कार्यकर्ता साहेबराव सातकर उपस्थित

थे। उन्होंने सबके सामने स्पष्ट उद्‌गार व्यक्त किए, ''सब कहते हैं और सरकार भी कहती है कि सहकारिता आंदोलन समाज के निचले तबके तक पहुँचना चाहिए। पर मैं कहता हूँ यह कैसे पहुँचेगा? अब आप अपनी इस कक्षा के इंस्ट्रक्टर को ही देखिए। होंठ निचोड़ने पर दूध टपक पड़ेगा, ऐसे ये व्यक्ति हैं! ये क्या करेंगे?''

कोई कलेजे की नाल पकड़कर उस पर चाकू चलाए, ऐसा ही यह सुनते हुए जयराम को लगा। परंतु कुछ कहना मुश्किल था। जयराम ने मन ही मन संकल्प किया और जब लगातार चार वर्षों तक जयराम की कक्षा का परिणाम सौ प्रतिशत लगता गया, पुणे के आसपास का ग्रामीण इलाका एक नये अनुभव से परिपूर्ण होता साहब ने देखा तो वे जयराम के सलाहकार मित्र ही बन गये!

जयराम की इन यात्राओं के दौरान मैं 'मृत्युंजय' का ताना-बाना बुन रहा था। दुनिया से लगभग मेरा रिश्ता टूट ही चुका था। 'मृत्युंजय' प्रकाशित हुआ। मराठी पाठकों ने उसे पसंद किया। एक दिन तत्कालीन पुणे महापौर भाई कडू का मुझे पत्र मिला—सत्कार संबंधी। कोल्हापुर से मैं महानगरपालिका के कार्यक्रम के लिए पुणे आया। महानगरपालिका के भव्य सभागृह की पहली ही पंक्ति में बैठा था, हमारा 'पाँचवाँ सावंत!' कार्यक्रम समाप्त हुआ और मंच से उतरते ही अनेक यादों की भीड़ को छाँटते हुए मैं जयराम के पास पहुँचा। उस भीड़ में कुछ बात करना संभव नहीं था। परंतु पास जाते ही जयराम ने मुझे सीने से कस लिया। थोड़ा एकांत मिलते ही हमारी बातें होने लगीं। अपने भटकते जीवन की एक-एक बात वह बयान करने लगा। हम उसी के घर भोजन के लिए गये। भोजन के बाद अक्षरशः रात-भर हम कई-कई लोगों की याद कर हँसते, खिलखिलाते गप लड़ाते रहे। मैं कोल्हापुर लौट आया और जयराम के साथ मेरा पत्राचार प्रारंभ हुआ। आज भी जब जयराम के संग्रह से वे पत्र मैं पढ़ता हूँ तो वे वर्ष किसी फिल्म की तरह मेरी आँखों के सामने जीवंत हो उठते हैं। इन पत्रों के अधिकाधिक विषय सामाजिक हैं। हम आमने-सामने एक-दूसरे से जैसी बातें करते हैं, उसी भाषा में वे हैं।

बाद में, केवल मुझसे मिलने के लिए जयराम ने कई यात्राएँ पुणे—कोल्हापुर के लिए कीं। दूसरे सभी कामों को दूसरे क्रमांक पर छोड़कर जयराम कोल्हापुर बस स्टैंड से उतरते ही सीधे रंकाला के किनारे मेरे घर पहुँचता। उसके आते ही डेढ़-एक घंटे निश्चित हो जाते।

सहकार प्रशिक्षण का जयराम का उत्साहजनक काम देखकर महाराष्ट्र के सहकारिता क्षेत्र के नामी कार्यकर्ता सांसद गुलाबराव पाटिल व पश्चिम महाराष्ट्र सहकारिता मंडल के सदस्य ने एकमत से उसे 'सहकारी जगत्' पत्रिका के संपादक का कार्यभार सौंपा। आजरा की हिरण्यकेशी नदी में तैरने वाली एक छोटी मछली, पुणे की पत्रिकाओं के समुद्र में तैरने लगी! 'सहकारी जगत्' पत्रिका की अब तक एक ही छवि थी—''उसे प्रकाशित किया जाए और सहकारी संस्थाओं को माहवार

भेजी जाए। भीतरी पृष्ठों की एक-दूसरे की निकट सहकारिता की भावना भंग न होने पाए इस ईमानदार उद्देश्य से उसे कभी कोई न खोले! एक माह के अंक पर बिना चूके उस पर दूसरा अंक चढ़ाते चले जाना। सहकारिता ज्ञान की यह गंगा गाँव-गाँव केवल कोने में पड़ी रहती।''

जयराम जन्म से और स्वभावतः किसान का बच्चा। जमीन का टुकड़ा हाथ में लेकर वह बंजर है, कहकर रोने-बिलखने की बात उसके खून में नहीं थी। जयराम निष्ठापूर्वक 'सहकारी जगत्' जोतने-बोने लगा। अपना विषय सहकार है यह पूरी तरह जानकर संपादक के रूप में उसने सबसे पहले अलग-अलग क्षेत्रों के अधिकारी-लेखकों से प्रत्यक्ष सहकारिता-आधारित संपर्क-सूत्र जोड़े। परिणामस्वरूप वि. म. दांडेकर, नरहर कुरुंदकर से कविवर्य ग. दि गाडगूलकर तक की लेखनी 'सहकारी जगत्' के पन्नों पर उभरने लगीं।

उस समय भी जयराम ने अपना कर्मठ स्वभाव तिलभर डिगने नहीं दिया। एक अत्यंत जीवंत उदाहरण पर्याप्त होगा। पुणे के एक नामी-गिरामी ब्लॉक मेकर को फोन पर किसी तीसरे व्यक्ति से कैसे बात की जानी चाहिए यह मालूम नहीं था। मालूम नहीं था, ऐसा कहने की बजाय, अनाप-शनाप मिलने वाले पैसों के कारण यह ध्यान रखने की आवश्यकता ही उसने अनुभव नहीं की, यह बात अधिक उचित होगी। एक बार अपनी पत्रिका की भीतरी सजावट के ब्लॉक के बारे में बात करने के लिए जयराम ने उसे फोन किया।

ये ब्लॉकमेकर महोदय दूसरे छोर से बोले, ''अरे तू कह रहा है, यह ठीक है, लेकिन यहाँ काम इतना पड़ा है कि तुझे दो दिन में ब्लॉक मिलना संभव ही नहीं। दो दिन बाद फोन करो!''

अपने ऑफिस में बैठे सज्जन के जाने तक जयराम ने किसी तरह सँभाला अपने-आपको। उनके जाते ही उसने फिर ब्लॉकमेकर को फोन किया। फोन पर संवाद शुरू हुआ—''थोड़ी देर पहले मैंने फोन किया था वह आपने ही उठाया था?'' इति जयराम।

''हाँ, क्या हुआ? बोलो।''

''अरे बोल क्या? फोन पर बात करने का सलीका भी तुझे मालूम नहीं है? मैं क्या तुझे तेरे स्टुडियो में ब्लॉक धोने वाला छोकरा लगता हूँ? देखो, वैसे फोन पर यह सुविधा नहीं अन्यथा कोल्हापुरी चप्पल यहीं से फेंककर तुझे ठीक कर देता!! समझदार है। फोन रख दे।'' जयराम का हाथ गुस्से से काँप रहा था। सच तो यह है कि वहीं फोन पटक देना चाहता था।

निष्ठापूर्वक संपादन से जयराम ने 'सहकारी जगत्' का संपूर्ण कायापलट कर दिया। गाँव-देहातों में उसका पाठक-वर्ग अत्यंत परिश्रमपूर्वक तैयार किया। दुग्ध व्यवसाय, पानी आपूर्ति, आदिवासी, मछली उद्योग जैसी दैनिक बातों को उसने

विशेषांक के रूप में प्रकाशित किया। जयराम के विशेषांक की तैयारी का अर्थ—यूरोप के देशों द्वारा ऑलंपिक की तैयारी है। विषय विशेष का विशेषांक प्रकाशित कर समारोहपूर्वक विमोचन किये बिना उसे खाना, अपना जीवन, यार-दोस्त किसी का खयाल न आता। उसके इस परिश्रम की सबसे अच्छी सराहना की लोकप्रिय अखबार 'महाराष्ट्र टाइम्स' ने। जयराम द्वारा 'सहकारी जगत्' के दुग्ध व्यवसाय विशेषांक पर 'महाराष्ट्र टाइम्स' के कर्मठ संपादक गोविंदराव तलवलकर ने शानदार प्रशंसापूर्ण संपादकीय ही लिखा।

जिस प्रकार कवि जन्मजात होता है, उसी प्रकार आज के इस भागमभाग के जीवन को देखते हुए निःसंदेह यह कहना पड़ता है कि सच्चा 'स्वयंसेवक' भी जनमना ही होता है। जयराम जन्मजात स्वयंसेवक वृत्ति का है। आजकल यह वृत्ति गूलर के फूल-सी हो गई है। किसी के लिए दवाई ला दे, जाते-जाते पुणे से प्राप्त किसी का संदेश बिना भूले अमरावती तक पहुँचा दे, किसी परिश्रमी विद्यार्थी को बड़े-बुजुर्ग से प्रार्थना कर स्कूल में प्रवेश दिलवा दे, किसी ग्रामीण माँ का उपहार उसकी बेटी तक पहुँचाना, किसी आत्मीय व्यक्ति के परिवार-जन को रिक्शा में बिठाकर स्टैंड तक पहुँचाकर गाड़ी में बैठाना। जयराम के भावपूर्ण असंख्य हाथ आसपास के जीवन को समेट लेना चाहते हैं। उसका 'संपादक' इन सारी बातों के आड़े नहीं आता। उसका चुपचाप चल रहा यह काम देखकर मुझे कभी-कभी लगता है—महात्मा गांधी, साने गुरुजी जैसे सामाजिक उत्तरदायित्वों से सुलग उठे महापुरुषों के सान्निध्य में यदि जयराम आ पाता तो वह अपने जीवन को अवश्य ही इससे भी कहीं अधिक सार्थक कर जाता।

छरहरी देह और पर्याप्त ऊँचाई वाला, निरंतर भागमभाग में उलझा हुआ, दोपहर का भोजन केवल डेढ़ के बाद लेने वाला आज का जयराम मुझे बचपन के कबड्डी के मैदान का वही हँसमुख जयराम लगता है। उससे बँध गये उन भावनाओं के ताने-बाने को मैं आज भी ठीक से नहीं देख पाया। सच तो यह है कि उसकी आवश्यकता भी नहीं है।

भारत सरकार के शिक्षा सलाहकार जे. पी. नाईक, महाराष्ट्र की पूर्व शिक्षा निदेशक डॉ. चित्रा नाईक, सांसद गुलाबराव पाटिल, भा. म. सावे ये सब परखे हुए पूजनीय लोग हैं, जयराम के लिए। उन्होंने भी निरंतर जयराम की पीठ पर सहज प्यार का हाथ रखा है।

पिछले दिनों उसके जीवन में एक भयंकर हादसा हुआ। उस घटना से तो मेरा पूरा विश्वास हो गया कि वह पाँचवाँ सावंत ही है। दिल्ली में संपादक-सम्मेलन के लिए जयराम को निमंत्रण मिला। वहाँ जाने से पहले अपनी पत्नी व बच्चों को साथ मिले इस उद्देश्य से, कभी ऐसा न करने वाला जयराम, अपनी सास को पुणे ले आया। दिल्ली का सम्मेलन संपन्न कर हफ्ते भर में वह पुणे लौटा। हमेशा की तरह

अपने एक मित्र को भोजन के लिए घर बुलाया। मित्र के साथ बातें करते भोजन पूरा हुआ। पान-सुपारी खाते मित्र के साथ बैठे थे तभी भोजन के लिए बैठी सास को पहला निवाला लेते ही हृदयाघात हुआ! पल-भर सारी स्थिति ही बदल गई। देखते-देखते सास भरा-पूरा घर छोड़कर गुजर गई। भावुक जयराम नीचे से ऊपर तक दहल गया। कितना बड़ा धब्बा लग गया, जीवन-भर के लिए! कभी ऐसा न करने वाला वह पत्नी की माँ को बुला लाए और वह इस तरह चली जाए। विचलित और आतंकित जयराम पत्नी को अकेली ही माँ के पार्थिव शरीर के पास छोड़कर डॉक्टर के पास दौड़ा। डॉक्टर ने 'सब कुछ समाप्त' हो जाने का निर्णय सुना दिया। भौचक जयराम ने मृत्यु और दाह-संस्कार का प्रमाण-पत्र देने वाले कार्यालय की शरण लीं। पुणे के कैम्प इलाके के श्मशान में दहनविधि का प्रमाण-पत्र भी उसने हासिल कर लिया। इस बीच, किसी ने मुझे फोन पर-इस घटना का समाचार दिया। ऑफिस से सीधे मैं जयराम के घर भागा। जयराम ने स्तब्ध चेहरे से मुझे वह प्रमाण-पत्र दिखाया। हकबकाये, आतंकित स्थिति में अनजाने ही वह बहुत बड़ी गलती कर रहा था। जिस स्त्री के सात बेटे हैं उसका दाह-संस्कार वह उसके गाँव से दूर, पुणे में करने जा रहा था। इस कारण उस पर ताउम्र एक लांछन लगने जा रहा था।

मैं जयराम को एक ओर ले गया। उसकी बात पर बिल्कुल ध्यान न देते हुए निर्णय के स्वर में ही बोला, ''शव का दहन यहाँ नहीं कर सकते। वह उन्हीं के परिवार में होना चाहिए। तू अपनी सास को कभी तो बुलाता नहीं था, जो न घटे वह घट गया है। ऐसी स्थिति में तू यदि बिना सूचित किये यहीं पुणे में दाह-संस्कार करेगा तो तुम्हारे सालों की क्या हालत होगी, वे क्या सोचेंगे?'' यह उसे भी उचित लगा। मुझे देखते ही उसे मौन धीरज मिला।

फोन करके मैंने शिवसेना की रुग्णवाहिका मँगवा ली। शिवसैनिकों ने शव वाहन में रख दिया। जयराम, भाभी, बच्चे, एक रिश्तेदार और एक मित्र गाड़ी में चढ़े। मैंने वाहन के चालक को एक ओर ले जाकर कहा, ''कोई भी समस्या हो, गाड़ी किसी ने रोकी तो यह पता उनको देना, परंतु गाड़ी जितनी जल्दी हो सतारा पहुँचनी चाहिए।''

गाड़ी स्टार्ट हुई। वाहन की खिड़की से जयराम मेरी ओर देख रहा था। मैंने उसे कहा, ''शांत रहो। भाभी को फिट्स आती हैं। उनका ध्यान रख। गाड़ी में प्याज रखा है। सब कुछ पूरा किये बिना आने की जल्दी मत करना।''

बैठे हुए जयराम फफक पड़ा। सिसकता हुआ बोला, ''शिवाऽ!''

जिस प्रकार गारगोटी जाते समय वह बोला था, ठीक वैसा ही स्वर था। मैंने केवल उसका कंधा थपथपाया। गाड़ी हिली। अदृश्य होने तक मैं गाड़ी को देखता रहा। मन में एक ही बात फड़फड़ाती रही, ''सच तू 'पाँचवाँ सावंत' ही है और ऐसा ही बना रह!''

तू न होती तो…

आकाश से फूटकर निकली बिल्कुल पहली
किरण की माथे की रेखा—
होगी तो ज्ञात होगी केवल आकाश को!
इस आकाश-सी तू…

ओंकार के सत्वसूर भी कभी होंगे
बंद किसी स्वप्नि गर्भ में
उस समर्थ गर्भ की अधिकारिणी तू…

रहते हैं कल के रंग-गंधमय फूल
जिन कली-कली की पंखुरियों में अवगुंठित
उन अखंड कलियों को तरल स्पर्श से जगाने वाली
शरद की शीतल सुगंधित 'सुबह की हवा का झोंका' तू…

जो भी यहाँ 'जीवित' है उन सबकी ही
'पदधूल' माथे पर झेलते हुए
'धूल' को ही 'भूषण' मानने वाली
सर्वोदार 'धरती-सी' तू…

जिसके पदचिह्नों पर उभरते रहते हैं
साहित्य, संगीत, नृत्य-नाट्य-सी
ललित कलाओं के जीवनदायी प्रासाद
उस मयूरस्पर्शी सरस्वती की प्रिय पुत्री तू…

बहती गंगा को 'बहने' का अर्थवाही आनंद बताने वाली
हिमालय को 'ऊँचेपन की ऊँचाई' पचाने के लिए कानमंत्र देने वाली

जलते हुए भी जग को प्रकाशमान करने का महामंत्र सूर्यदेव को देने वाली
केवल तू ही!!

'तू···तू न होती तो?'
इसी प्रश्न में है तुम्हारे होने का निर्विवाद उत्तर!
क्योंकि मेरे लिए ही नहीं—सबके लिए—
तू नहीं एक व्यक्ति या जीव—
तू है एक अतीत से अनागत तक का तत्त्व
जिसका एकमेव नाम है—हो सकता है···माँ!!

●●●